arn Mauerhelden Große Mauer = Lange Mauer Vom Mond aus zu set
Zeichenschrift? Wie findet man Schriftzeichen im Wörterbuch? W
s und Duftender Hafen Sehen alle Chinesen gleich aus? Langnasen
en Ein alter Meister Der Schmetterlingstraum An welche Religion
ne Stadt Ein Palast mit fast 10 000 Zimmern ... hster Harm
tumme Wächter Böse Drachen Gut... nder Der c
en und ihre Jahreszahlen K... r rote Gü
Chinesen mit den Fingern z... n Chinese
a noch so alles auf den Tisch ... mal von
ch ist Mao Zedong Der »Groß ... rote Bibel Die Kul
Der lange Fluss Der Drei-Sch... en-Staudamm Schule Blaue Ame
selhafte Pekingoper Kostüme und Masken Nur für Männer Kämpfen
funktioniert traditionelle chinesische Medizin? Wenn der Arzt ko
lechkarossen Kostbare Pferde IKEA & Co. auf Chinesisch Pinkelpal
ahlen Richtiges und falsches China? China oder nicht China? Großes
Mauer Vom Mond aus zu sehen? Mauerzauber Die Mauerspringer Ei
hriftzeichen im Wörterbuch? Warum klingt Chinesisch wie Singsang?
Chinesen gleich aus? Langnasen Chinesische Schönheitsideale Der
etterlingstraum An welche Religion glauben die Chinesen? Chinas be
t 10 000 Zimmern Von Höchster Harmonie Der Kaiser von China Pri
Gute Drachen Drachenkinder Der chinesische Mondkalender Chines
e Beine, langer Schwanz Der rote Gürtel Das Märchen vom Kuhhirt
hlen Tischlein deck dich Essen Chinesen immer nur Reis? Marco Polo
nt Iss dich gesund! Schon mal von diesen Gerichten gehört? So viele
euermann« Die rote Bibel Die Kulturrevolution Die Roten Garden D
uchten-Staudamm Schule Blaue Ameisen Hip sein ist alles Kätzche
Masken Nur für Männer Kämpfende Mönche Shaolin in der ganzen W
ische Medizin? Wenn der Arzt kommt Gesunde Nadelstiche Bittere
IKEA & Co. auf Chinesisch Pinkelpalast China im Internet China in
China? China oder nicht China? Großes China Eis im Nordosten Me
Mauerzauber Die Mauerspringer Eine uralte Schrift Eine der schw
Warum klingt Chinesisch wie Singsang? Lichtig? Schreibmaschinenmo
en Chinesische Schönheitsideale Der Schönheit auf die Sprünge hel
Religion glauben die Chinesen? Chinas berühmtester Affe Die Reise
er Harmonie Der Kaiser von China Prinzenleben Puyi – der Kaiser,
der Der chinesische Mondkalender Chinesisches Neujahr Hausputz
Der rote Gürtel Das Märchen vom Kuhhirten und der Weberin Chine
k dich Essen Chinesen immer nur Reis? Marco Polo und die Nudeln Nu
und! Schon mal von diesen Gerichten gehört? So viele Chinesen Chin
ote Bibel Die Kulturrevolution Die Roten Garden Das Mao-Mausole

:hbarn Mauerhelden Große Mauer = Lange Mauer Vom Mond aus zu
:he Zeichenschrift? Wie findet man Schriftzeichen im Wörterbuch
fluss und Duftender Hafen Sehen alle Chinesen gleich aus? Langnas
.ernen Ein alter Meister Der Schmetterlingstraum An welche Relig
otene Stadt Ein Palast mit fast 10 000 Zimmern Von Höchster H
s stumme Wächter Böse Drachen Gute Drachen Drachenkinder D
eichen und ihre Jahreszahlen Kurze Beine, langer Schwanz Der rote
Wie Chinesen mit den Fingern zählen Tischlein deck dich Essen Chir
:hina noch so alles auf den Tisch kommt Iss dich gesund! Schon mal v
rklich ist Mao Zedong Der »Große Steuermann« Die rote Bibel Die
eins Der lange Fluss Der Drei-Schluchten-Staudamm Schule Blaue
Rätselhafte Pekingoper Kostüme und Masken Nur für Männer Kämp
Wie funktioniert traditionelle chinesische Medizin? Wenn der Arz
el Blechkarossen Kostbare Pferde IKEA & Co. auf Chinesisch Pink
e Zahlen Richtiges und falsches China? China oder nicht China? Gro
nge Mauer Vom Mond aus zu sehen? Mauerzauber Die Mauerspringe
n Schriftzeichen im Wörterbuch? Warum klingt Chinesisch wie Sings
alle Chinesen gleich aus? Langnasen Chinesische Schönheitsideale
chmetterlingstraum An welche Religion glauben die Chinesen? China
fast 10 000 Zimmern Von Höchster Harmonie Der Kaiser von Chinc
hen Gute Drachen Drachenkinder Der chinesische Mondkalender Ch
Kurze Beine, langer Schwanz Der rote Gürtel Das Märchen vom Kuh
zählen Tischlein deck dich Essen Chinesen immer nur Reis? Marco
kommt Iss dich gesund! Schon mal von diesen Gerichten gehört? So
Steuermann« Die rote Bibel Die Kulturrevolution Die Roten Garde
Schluchten-Staudamm Schule Blaue Ameisen Hip sein ist alles Kätz
und Masken Nur für Männer Kämpfende Mönche Shaolin in der ganz
inesische Medizin? Wenn der Arzt kommt Gesunde Nadelstiche Bit
erde IKEA & Co. auf Chinesisch Pinkelpalast China im Internet Chi
:hes China? China oder nicht China? Großes China Eis im Nordosten
hen? Mauerzauber Die Mauerspringer Eine uralte Schrift Eine der
ich? Warum klingt Chinesisch wie Singsang? Lichtig? Schreibmaschine
gnasen Chinesische Schönheitsideale Der Schönheit auf die Sprünge
che Religion glauben die Chinesen? Chinas berühmtester Affe Die R
chster Harmonie Der Kaiser von China Prinzenleben Puyi – der Kai
nkinder Der chinesische Mondkalender Chinesisches Neujahr Haus
anz Der rote Gürtel Das Märchen vom Kuhhirten und der Weberin
deck dich Essen Chinesen immer nur Reis? Marco Polo und die Nude
gesund! Schon mal von diesen Gerichten gehört? So viele Chinesen
Die rote Bibel Die Kulturrevolution Die Roten Garden Das Mao-Ma

Was du schon
immer über China
wissen wolltest

Karin Hasselblatt
und Sonja Wagenbrenner

# Was du schon immer über China wissen wolltest

Illustriert von Antje von Stemm

Bloomsbury
Kinderbücher & Jugendbücher

Bloomsbury Kinderbücher & Jugendbücher


Umschlaggestaltung: Antje von Stemm
Illustrationen: © Antje von Stemm
vermittelt durch die Agentur Susanne Koppe,
Hamburg; www.auserlesen-ausgezeichnet.de

Typografie und Gestaltung: Manja Hellpap, Berlin
Gesetzt aus der Apollo und Hunny durch
Manja Hellpap, Berlin

Druck und Bindung: Ebner & Spiegel, Ulm
Printed in Germany 2008

ISBN: 978-3-8270-5316-9

www.berlinverlage.de

In China ist vieles anders

– Man schreibt in Bildzeichen statt mit Buchstaben.
– Früher schrieb man von oben nach unten, die Zeilen standen nebeneinander und verliefen von rechts nach links.
– Suppe gibt es nicht als ersten, sondern als letzten Gang.
– Musikstücke werden nicht mit Noten, sondern mit Zahlen notiert.
– Die chinesische Geige hat nur zwei Saiten.
– Chinas Unglückszahl ist die 4, nicht die 13.
– Die Trauerfarbe ist weiß.
– Das Hochzeitskleid ist traditionell rot.
– Die Monate und Tage haben Nummern statt Namen. So heißt der Januar »1. Monat«, und der Montag »1. Tag der Woche«.
– Chinesen leben »unter dem Himmel«, nicht »auf der Erde«.
– Sie zählen durch Wegkrümmen der Finger statt durch Ausstrecken.
– Ihre Glocken haben den Klöppel außen, nicht innen.
– Unsere Milchstraße ist ihr Silberfluss,
– das Stehaufmännchen ist ein Nicht-Umfall-Mann.
– Der Nachname steht vorn, der Vorname hinten,
– Herr Schmidt ist Schmidt Herr.
– Chinas Kompass zeigt nach Süden, nicht nach Norden.

## Die Schöpfung auf Chinesisch

Am Anfang gab es nur die Dunkelheit und das Chaos, das wie ein Ei aussah. Und in dem Ei schlief Pangu. Bis er schließlich zu einem Riesen herangewachsen war, sich streckte und das Ei sprengte. Die oberen Teile der Eierschale wurden der Himmel, die unteren die Erde. Damit Himmel und Erde nicht wieder zusammenstürzten, stellte Pangu sich mit den Füßen fest auf die Erde und stützte den Himmel mit seinem Kopf. Das ging so 18 000 Jahre, dann fiel Pangu in einen tiefen Schlaf, aus dem er nie wieder erwachte. Aus seinem Atem entwickelten sich Wind und Wolken, aus seinen Augen Sonne und Mond, aus seinem Blut Flüsse und Seen.

## Menschen aus Lehm

Nüwa war eine Göttin mit menschlichem Körper und Drachenschwanz. Sie wanderte über die Erde, und ihr gefiel, was sie sah: Berge, Flüsse, Wolken, Sonne, Bäume …

Nur war ihr langweilig so allein. Im Gelben Fluss, der sehr viel Schlamm und Lehm führt, sah sie ihr Spiegelbild. Sie knetete Figuren aus Lehm, die genau wie sie selbst aussahen. Doch statt eines Drachenschwanzes bekamen sie Beine und Füße. Nüwa hauchte sie an, damit sie zu atmen anfingen. Die einen füllte sie mit Yang-Kraft, das wurden die Männer. Die anderen füllte sie mit Yin-Kraft, das wurden die Frauen. Zuletzt paarte sie Männer und Frauen und brachte ihnen bei, wie sie sich vermehren konnten. So entstand die Menschheit.

Der Sonne und die Mond

In China heißt es, dass es Yin und Yang schon immer gegeben hat. Die Begriffe Yin und Yang stehen für zwei gegensätzliche Elemente, die gemeinsam wieder ein harmonisches Ganzes ergeben. Yin steht für alles Weibliche, dazu gehören Mond, Dunkelheit, Stille, Erde. Und Yang steht für alles Männliche, dazu gehören Sonne, Licht, Bewegung und Himmel. Wenn es im Chinesischen Artikel gäbe, hieße es also »*der* Sonne« und »*die* Mond«. Yin und Yang nehmen gleich viel Raum ein, und in beidem ist ein Teil des jeweils anderen enthalten.

| **dé** = Tugend | **guó** = Land |
| --- | --- |
| 德 | 国 |
| **déguó** = Deutschland | |

## Die mittleren Reiche

»China« heißt auf Chinesisch **zhōng guó**. **Zhōng** heißt »Mitte« und **guó** heißt »Land« oder »Staat«. Deshalb wird China oft mit »Reich der Mitte« übersetzt. Ursprünglich bedeutet der Ausdruck aber »Die mittleren Reiche« und bezieht sich auf eine Zeit vor mehr als 2 000 Jahren. Damals gab es viele kleine Königreiche in China. Die mittleren dieser Königreiche wurden später zum Kaiserreich, also zum Vorläufer des heutigen China. Interessant sind auch die chinesischen Namen für andere Länder. Im jeweils ersten Wort hat man die deutsche oder englische Aussprache für das Land in ähnliche chinesische Laute übersetzt. Ob die Bezeichnungen wirklich etwas mit dem Charakter der jeweiligen Bewohner zu tun haben?

Deutschland = **dé guó** = Land der Tugend
Amerika = **měi guó** = Land der Schönheit
England = **yīng guó** = Land der Helden
Frankreich = **fă guó** = Land der Gesetze oder Land der Zauberei
Japan = **rì běn** = Der Ursprung der Sonne

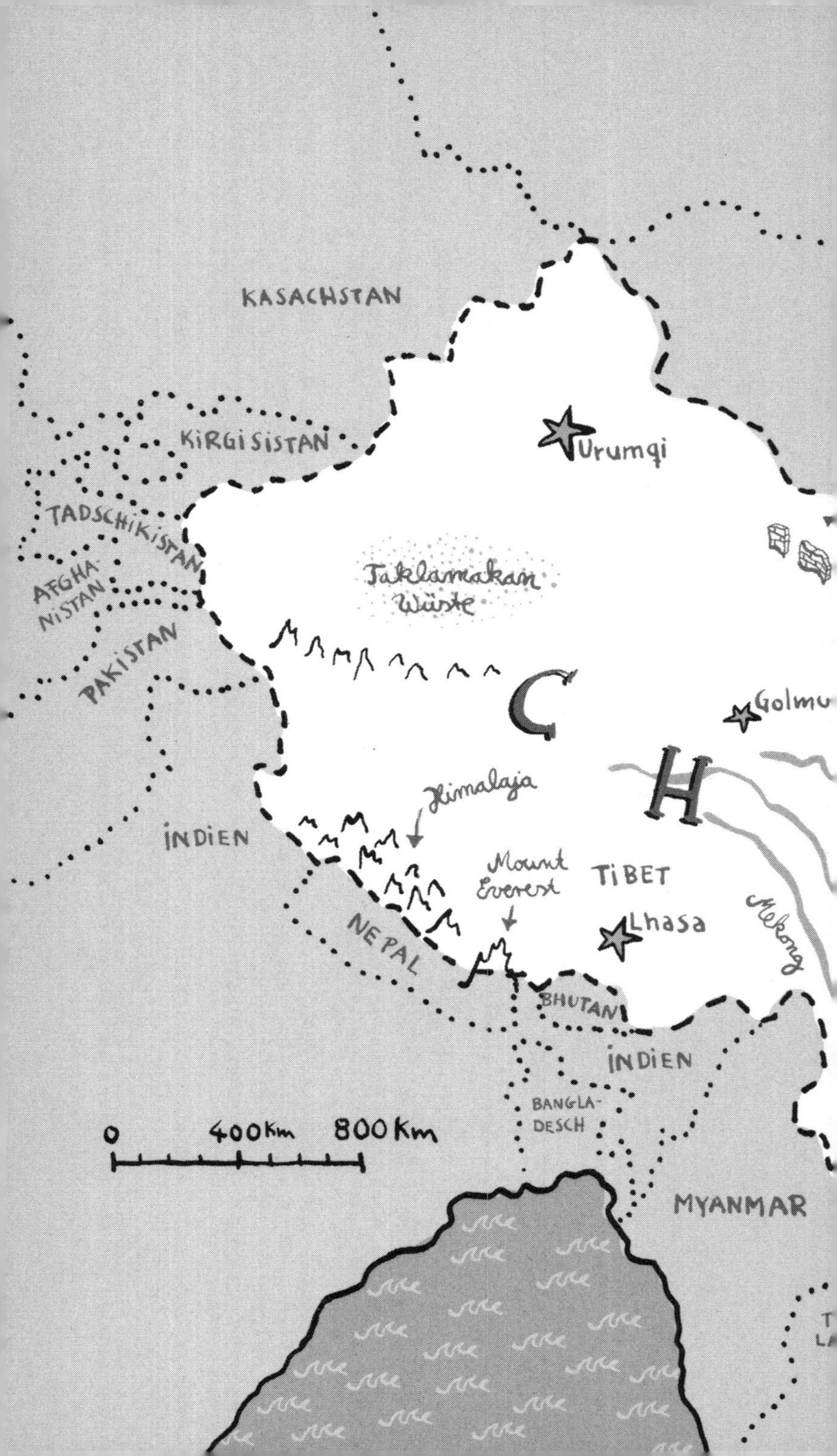

KASACHSTAN
KiRGiSISTAN
TADSCHIKISTAN
AFGHANISTAN
PAKISTAN
Urumqi
Taklamakan Wüste
C
Golmu
H
Himalaja
INDiEN
Mount Everest
TiBET
Lhasa
Mekong
NEPAL
BHUTAN
INDiEN
BANGLA-DESCH
0
400 km
800 km
MYANMAR

RUSSLAND
ONGOLEI
Mandschurei
Harbin
Wüste Gobi
Beijing
NORDKOREA
SÜD KOREA
Gelber Fluss
A
N
Gelbes Meer
Shanghai
Yangzi Fluss
Ost-chinesisches Meer
Chongqing
Taipei
TAIWAN
Hongkong
VIETNAM
OS
Südchinesisches Meer

## Chinas unglaubliche Zahlen

**Größe** rund 9,6 Millionen Quadratkilometer – das viertgrößte Land der Welt – fast 27-mal so groß wie Deutschland

**Einwohnerzahl** 1,3 Milliarden – das bevölkerungsreichste Land der Erde – mehr als ein Fünftel der Weltbevölkerung

**Größte Stadt** Chongqing – etwa 32 Millionen Einwohner – die größte Stadt der Welt

**Größter lebender Chinese** Bao Xishun (männlich) – 2,36 Meter groß – geboren 1951 – Provinz Innere Mongolei

**Kleinster erwachsener Chinese** He Pingping (männlich) – 73 Zentimeter klein – geboren 1988 – Provinz Innere Mongolei

**Höchster Berg** Mount Everest (Tibet) – 8848 Meter über dem Meeresspiegel – höchster Berg der Erde

**Tiefster Ort** Turfan, Provinz Xinjiang – 154 Meter unter dem Meeresspiegel

**Längster Fluss** Yangzi (alte Bezeichnung: Jangtse) – rund 6000 Kilometer lang – einer der längsten Flüsse der Welt

**Größter Staudamm** Drei-Schluchten-Staudamm am Yangzi – Staumauer 185 Meter hoch – Stausee über 600 Kilometer lang

**Höchstgelegene Eisenbahnstrecke** Von Golmud (Provinz Qinghai) nach Lhasa (Provinz Tibet) – Scheitelpunkt 5072 Meter hoch – höchste Eisenbahnstrecke der Welt

## Richtiges und falsches China?

Die Volksrepublik China ist in 22 Provinzen aufgeteilt. Dazu kommen fünf »Autonome Gebiete« und vier der Regierung direkt unterstehende Städte. Allerdings betrachtet der Staat die Insel Taiwan vor der Südostküste des Festlands als seine 23. Provinz. Das sehen die Politiker und Einwohner Taiwans aber ganz anders: Sie wollen von der Volksrepublik unabhängig sein. Nach einem langen Bürgerkrieg war ein Teil der Festlandschinesen 1949 auf die Insel geflohen und gründete dort einen eigenen Staat, die »Republik China«. Der größere Teil der Bevölkerung blieb auf dem Festland und gründete die »Volksrepublik China«. Bis heute behaupten beide Staaten, das »richtige China« zu sein.

## China oder nicht China?

Auch die chinesische Provinz Tibet war einmal ein eigener Staat. Im Jahr 1951 marschierten die chinesischen Truppen dort ein und machten Tibet zu einer Provinz der Volksrepublik China. Doch die Tibeter haben eine andere Sprache, eine andere Schrift und eine andere Religion als die Chinesen. Deshalb setzt sich ihr Oberhaupt, der Dalai Lama, dafür ein, dass sie wieder ein unabhängiges Land werden. Heute ist Tibet eines der fünf »Autonomen Gebiete« Chinas.

## Großes China

Die Volksrepublik China ist fast so groß wie ganz Europa. Nach Russland, Kanada und den USA ist es das viertgrößte Land der Erde. Der Westen des Landes liegt insgesamt höher als der Osten, darum fließen die meisten Flüsse von Westen nach Osten und münden dort ins Meer. Aber der Reihe nach:

## Eis im Nordosten

In Nordostchina werden vor allem Weizen, Gerste und Hirse angebaut. Im nordöstlichsten Zipfel befindet sich die Mandschurei, die größtenteils aus Grassteppen besteht. Die Stadt Harbin liegt ungefähr auf der Höhe von Bern in der Schweiz. Dort wird es so kalt, dass Künstler zu Jahresbeginn sagenhafte Skulpturen aus Eis schaffen. Sie werden in allen Farben beleuchtet, und so kann man zum Beispiel unter einer bunt schillernden Nachbildung des Brandenburger Tors hindurch spazieren – bei mindestens minus 20 Grad!

Etwa 1 000 Kilometer weiter südlich liegt die Hauptstadt Peking. Oder wie sie in der richtigen Umschrift heißt: Beijing, die »nördliche Hauptstadt«.

## Meere und Flüsse

Chinas Osten und Südosten liegen am Meer und sind am dichtesten besiedelt. Die großen Hafenstädte waren immer schon die Tore zum Ausland. Die beiden wichtigsten Flüsse Chinas sind der Yangzi und der Huanghe, der Gelbe Fluss. Beide entspringen im tibetischen Hochland und münden im Osten in den Pazifik.

## Reis im Süden

Südchina ist sehr bergig und stärker bewaldet als der Nordosten. Hier ist es warm und feucht genug für den Anbau von Reis und Tee. In der Nähe der Touristenstadt Guilin gibt es bizarre Steinformationen und sogar einen ganzen Steinwald. Das sind keine versteinerten Bäume, sondern Steine, die wie ein Wald aussehen. Ganz im Süden liegen die Großstadt Hongkong und die tropische Insel Hainan mit ihren traumhaften Stränden – Chinas neues Badeparadies. Hier wachsen Bananen, Ananas und Kokosnüsse.

### Berge im Westen

Weit im Westen erstreckt sich das tibetische Hochland über mehrere Provinzen, darunter ist auch Tibet selbst. Das Hochland ist bis zu 4000 Meter hoch. Hier liegt auch der Himalaja, das größte und höchste Gebirge der Welt. Auf der Grenze zwischen China und Nepal steht der Mount Everest. Mit 8848 Metern ist er der höchste Berg der Welt. In einigen Gegenden werden Weizen und Gerste angebaut, sonst leben die Menschen von der Viehzucht: Sie haben Ziegen, Schafe und Yaks.

### Wüsten im Nordwesten

Im Nordwesten und Norden Chinas gibt es riesige Wüsten. Die Taklamakan ist eine besonders trockene und gefährliche Sandwüste. Weiter östlich, in der Inneren Mongolei, liegt die Wüste Gobi. Nach der Sahara ist sie die zweitgrößte Wüste der Welt. In den Wüsten sind die Sommer sehr heiß und die Winter kalt und trocken. Auch in der Inneren Mongolei leben die Menschen hauptsächlich von der Viehzucht.

**nán** = Süden

南

## Chinas Nachbarn

Nordkorea Mongolei Kirgisistan Russland

Kasachstan Indien

Tadschikistan Afghanistan Laos

Pakistan

Nepal Bhutan Myanmar Vietnam

Die längste Grenze ist die zu Russland (2 824 km), die kürzeste die zu Afghanistan (76 km).

## Mauerhelden

Wie die Zacken auf dem Rücken eines riesigen Drachen – so schlängelt sich die »Große Mauer« über die kahlen Bergkämme im Norden Chinas. An manchen Orten ist sie schon ganz verfallen, mit Sträuchern überwachsen oder vom Winde verweht. Früher war die Große Mauer eine Verteidigungsanlage. Die Soldaten des chinesischen Kaisers ritten auf ihr entlang und hielten Ausschau nach Feinden, die das Land von Norden her angreifen wollten.

In der Nähe der Hauptstadt Peking ist ein Stück der Mauer originalgetreu wieder aufgebaut, damit Touristen sie bestaunen können. Heute zählt sie zum besonders schützenswerten Weltkulturerbe. Ein chinesisches Sprichwort sagt: *Wer nicht an der Großen Mauer war, ist auch kein Held!* So will jeder der 1,3 Milliarden Chinesen einmal im Leben dort gewesen sein.

| **cháng** = lang | **chéng** = Mauer |
|---|---|
| 长 | 城 |
| **chángchéng** = Große Mauer | |

## Große Mauer = Lange Mauer

Auf Chinesisch heißt die Große Mauer **wànlĭ chángchéng**, »10 000 Li lange Mauer«. Ein Li ist ein chinesisches Maß und entspricht etwa einem halben Kilometer. Wenn man alle heute noch existierenden Abschnitte zusammenzählt, kommt man auf mehr als 6 000 Kilometer. Die Mauer gilt als das größte Bauwerk der Welt, ihre Errichtung hat sich 2 000 Jahre hingezogen.

## Vom Mond aus zu sehen?

Angeblich ist die Große Mauer das einzige Bauwerk von Menschenhand, das man mit bloßem Auge vom Mond aus sehen kann. Wenn das wahr wäre, müsste man aber auch jede größere Landstraße von dort oben erkennen können. Der erste Raumfahrer Chinas, Yang Liwei, sagte nach seiner Weltraummission im Oktober 2003: *Die Aussicht war wunderschön. Aber ich konnte die Große Mauer nicht sehen.* Allerdings hat 2005 ein Astronaut aus den USA die chinesische Mauer doch aus dem All sehen können und sogar Fotos von ihr gemacht. Aber nur in einer Entfernung von etwa 200 bis 300 Kilometern und bei hervorragenden Wetterbedingungen. Der chinesische Astronaut war also wohl zu weit weg gewesen und hatte Pech mit schlechter Sicht.

Völlig undenkbar ist, dass man die Große Mauer ohne Hilfsmittel vom Mond aus erkennen kann. Denn der ist 350 000 Kilometer von der Erde entfernt. Sonst könnten wir auch von Köln aus die Eiswaffel sehen, an der ein Kind in Hamburg gerade schleckt.

## Mauerzauber

Chinas Große Mauer ist der ideale Ort für die große Show. Bekannte Rock- und Popsänger haben vor dieser einmaligen Kulisse schon Konzerte gegeben oder berühmte Designer ihre Modenschauen gezeigt: Einmal stolzierten 88 Models über den 100 Meter langen steinernen »Laufsteg« und zeigten die neueste Kollektion italienischer Sommerkleider. Aufsehen erregte auch ein bekannter Zauberer mit einer Show im Jahr 1986: Über eine herangeschobene Treppe ging er mitten durch die Mauer hindurch, ohne sie auch nur im Geringsten zu beschädigen. Der Trick ist bis heute sein Geheimnis geblieben.

## Die Mauerspringer

An der Großen Mauer gab es auch schon sehr waghalsige Aktionen: Vor ein paar Jahren übersprang ein chinesischer Stuntman mit einem Motorrad das legendäre Bauwerk. Ein anderer versuchte das mit seinem Mountainbike, aber er schaffte es nicht und stürzte sich zu Tode. 2005 gelang dem Amerikaner Danny Way dann ein sensationeller Weltrekord: Als erster Mensch sprang er ohne ein motorisiertes Fahrzeug über die Chinesische Mauer – nur mithilfe seines Skateboards und einer riesigen Rampe. Es war der spektakulärste Skateboard-Sprung aller Zeiten: 7,14 Meter hoch und 24,07 Meter weit!

## Eine uralte Schrift

China ist stolz darauf, eine der ältesten Schriften der Welt zu besitzen. Einen Vorläufer dieser Schrift hat man auf mehr als 3000 Jahre alten »Orakelknochen« gefunden. Das waren Tierknochen und Schildkrötenpanzer, in die die Menschen Zeichen eingeritzt haben. Die haben sie dann ins Feuer geworfen, um die Götter zu befragen. Die Hitze verursachte Risse und Sprünge in den Knochen, aus denen Wahrsager die Zukunft ablasen. Später entwickelten sich weitere Schriftzeichen aus Vogel- und Pferdespuren oder aus Bildern von Tieren und Menschen.

## Eine der schwersten Sprachen der Welt?

Es heißt immer, Chinesisch sei sehr schwer. Aber immerhin sprechen hunderte Millionen von Menschen diese Sprache fließend. Um sie als Europäer zu lernen, muss man sehr fleißig sein und sich bildliche Darstellungen gut merken können. Die Grammatikregeln sind anders als im Deutschen oder Englischen. So gibt es

– keine Artikel wie »der, die, das«,
– keine Beugung von Tunwörtern (= Konjugation),
– keine Beugung von Nennwörtern (= Deklination).

## Eine Art Bildersprache

Chinesisch wird nicht mit Buchstaben geschrieben, sondern mit Schriftzeichen. Jedes Zeichen ist eine Silbe, hat eine eigene Bedeutung und ist oft auch ein Wort. Im Hochchinesischen können zwei oder mehr Zeichen auch zu einem neuen Wort zusammengesetzt werden, die Zeichen **huǒ** = »Feuer«, und **chē** = »Wagen« werden zum Beispiel zu **huǒchē** = »Zug«. Die Zeichen sehen aus wie kleine Bilder mit vielen Strichen und Punkten. Man muss auswendig lernen, wie sie ausgesprochen werden und was sie bedeuten. Insgesamt gibt es mehr als 50 000 davon. Aber so viele verwendet niemand. Chinesische Schulkinder müssen »nur« etwa 2 000 Zeichen beherrschen, um zum Beispiel einen Text wie diesen hier lesen zu können. In der Regel können sie das erst in der 3. oder 4. Klasse.

## Wie funktioniert die chinesische Zeichenschrift?

Ein Schriftzeichen setzt sich aus mehreren Strichen und Punkten zusammen. Das können manchmal 20 oder mehr sein. Beim Schreiben genau zu beachten sind die Reihenfolge und die Richtung der Striche. Die ersten Zeichen sind aus Bildern entstanden. Dabei haben die Menschen Dinge aus der Natur vereinfacht abgemalt. Wie hier zu sehen, sind diese Zeichen später viel eckiger und abstrakter geworden.

| Sonne | Mond | Berg |
| --- | --- | --- |
|  日 |  月 |  山 |

Dann gibt es noch sogenannte Symbolzeichen. Dazu gehören die Zahlen, zum Beispiel »eins«, »zwei«, und »drei«:

一 二 三

oder die Zeichen für »oben« und »unten«:

上 下

Manche Schriftzeichen sind auch aus zwei oder mehreren Bildzeichen zusammengesetzt:

| | |
|---|---|
| Sonne + Mond<br>= klar, hell | 日 + 月 = 明 |
| Baum + Baum + Baum<br>= Wald | 木 + 木 + 木 = 森 |
| Mensch + Baum<br>= sich ausruhen | 人 + 木 = 休 |
| Frau + Kind<br>= gut | 女 + 子 = 好 |
| Regen + Berg<br>= Schnee | 雨 + 山 = 雪 |

Die meisten chinesischen Schriftzeichen haben einen Teil, der über die Bedeutung Auskunft gibt, und einen anderen, der die Aussprache anzeigt. Und das macht man sich für Wörterbücher zunutze.

## Wie findet man Schriftzeichen im Wörterbuch?

Chinesische Schriftzeichen setzen sich aus etwa 200 unterschiedlichen Grundzeichen zusammen. Nach diesen Grundzeichen sind sie auch im Wörterbuch oder Lexikon zu finden. Das Grundzeichen für »Holz« oder »Baum« in einem Schriftzeichen weist zum Beispiel auf einen hölzernen Gegenstand hin wie »Brett« oder »Stuhl«. Oder auf eine Frucht, die an einem Baum wächst, etwa »Birne«. Wörter mit dem Grundzeichen für »Mund« beschreiben alles, was man mit dem Mund macht, zum Beispiel »essen«, »trinken« oder »singen«. Und das Grundzeichen für »Herz« steht überall dort, wo Gefühle im Spiel sind, zum Beispiel bei »Liebe«, »Trauer« oder »Wut«.

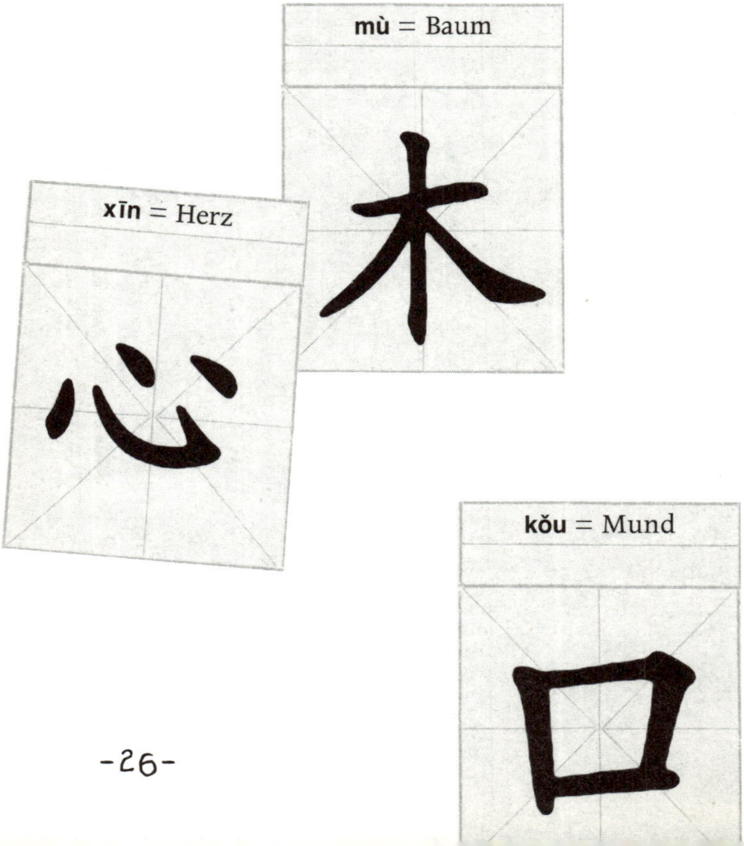

In einem Fall nehmen die Chinesen dann aber doch die Buchstabenschrift zu Hilfe: um die korrekte Aussprache zu jedem Zeichen aufschreiben und nachsprechen zu können. Im ganzen Land gibt es eine einheitliche Lautschrift, die schon die Schulkinder lernen. Oft steht sie auf den Straßenschildern auch unter den Schriftzeichen: die sogenannte Pinyin-Umschrift.

Für uns ist die chinesische Aussprache erst einmal fremd, wenn auch nicht so fremd wie zum Beispiel die arabische mit ihren vielen Rachen- und Kehllauten. Dafür klingt das Ganze in unseren Ohren wie »Singsang«, weil in der chinesischen Sprache jede einzelne Silbe in einem von vier Tönen ausgesprochen wird. Das sind allerdings keine absoluten Töne, so wie auf Notenlinien geschriebene Musik, sondern Betonungen, die sich etwas anders anhören als unsere normale Sprechstimme.

**1. Ton** hoch und gleich bleibend, wie die erste Silbe in »Waaahnsinn!«

**2. Ton** von der mittleren Tonlage aus ansteigend, ähnlich der Frage: »Wie?«

**3. Ton** tiefster Ton, steigt tiefer ein als der 2. Ton, sinkt noch weiter ab und steigt dann wieder an, etwa wie in der Frage »Eeecht?«

**4. Ton** von oben nach unten fallender Ton wie in einem barschen »Nein!«

mā

## Mā, má, mă, mà

Warum braucht man diese Töne im Chinesischen? Weil es zum Beispiel über 20-mal die Silbe »**ma**« gibt, und jede hat eine andere Bedeutung. Zum Beispiel »**mā**« im ersten Ton = »Mutter«, »**má**« im zweiten Ton = »Hanf«, »**mă**« im dritten Ton = »Pferd« und »**mà**« im vierten Ton = »schimpfen«. Darum ist es wichtig, die Töne richtig zu treffen, sonst schimpft nicht die Mutter das Pferd, sondern das Pferd die Mutter. Und warum braucht man überhaupt Schriftzeichen? Weil in China außer Hochchinesisch (auch: Mandarin) viele verschiedene Dialekte gesprochen werden. Wenn jemand Shanghai-Dialekt spricht, verstehen das die Menschen im 1 000 Kilometer entfernten Peking nicht. Das ist immerhin so weit wie von Köln nach Rom. Doch die Chinesen können sich zur Not immer über die gemeinsame Schrift verständigen.

## Lichtig?

Stimmt es, dass Chinesen kein »R« aussprechen können und stattdessen immer »L« sagen? Nicht ganz. Zwar gibt es im Hochchinesischen den »R«-Laut wie bei uns nicht. Aber es gibt einen Laut, der mit eingerollter Zunge gesprochen wird und dem englischen »r« in »rice« sehr ähnlich ist.

má

## Schreibmaschinenmonster

Wie schreibt man chinesische Zeichen eigentlich mit Schreibmaschine? Das ist kompliziert und zeitraubend, wenn man bedenkt, dass es mehr als 50 000 verschiedene Zeichen gibt. Ähnlich wie früher die Drucker arbeitet man hier mit einem rechteckigen Setzkasten – etwa so groß wie ein Monopoly-Spielbrett. Darin befinden sich bis zu 10 000 kleine Bleiblöcke mit eingravierten Schriftzeichen. Über diesen Kasten fährt man mit einem Metallarm, und zwar genau an die Stelle, an der das gesuchte Zeichen sitzt. Dafür braucht man Augen wie ein Adler! Dann bedient man einen Hebel, so dass der Metallarm den Bleiblock mit dem Zeichen herausfischt und ihn aufs Papier drückt. Für die selteneren der 50 000 Schriftzeichen gibt es weitere Setzkästen, die man sich bei Bedarf heranholen muss.

mǎ mà

Am Computer kann man einen chinesischen Text am einfachsten mit der Pinyin-Methode verarbeiten: Für das Zeichen »Pferd« zum Beispiel tippt man die Umschrift in lateinischen Buchstaben ein, also **ma**. Auf dem Bildschirm erscheinen dann alle Zeichen, die **ma** ausgesprochen werden, das sind mehrere Dutzend. Dann wählt man mit einem Mausklick das richtige **ma** aus, und alle anderen verschwinden wieder. Das chinesische Wort für »Computer« wird übrigens mit zwei Zeichen geschrieben, die »elektrisch« (**diàn**) und »Hirn« (**năo**) bedeuten. In China ist der Computer also ein »Elektrohirn«.

## Vielsagende Namen

Chinesische Vornamen bestehen meist aus zwei Silben, und sie stehen hinter dem Nachnamen. Bücher mit Listen und Bedeutungen von Vornamen wie bei uns gibt es in China nicht. Für die Eltern ist es wichtig, dass ihr Kind einen möglichst schönen und Glück bringenden Vornamen hat. Die Töchter heißen oft »Schöne Blume«, »Kleine Wolke«, »Die Intelligente und Wohlriechende« oder auch »Die Sanfte und Treuherzige«. Die Vornamen der Jungen zeigen oft, dass sich die Eltern für ihren Sohn eine große Karriere oder zumindest eine erfolgreiche Zukunft erhoffen. Männer, die vor 50 oder 60 Jahren, also kurz nach der Gründung der kommunistischen Volksrepublik China im Jahr 1949 geboren wurden, tragen oft Vornamen wie »Befreiung«, »Liebt die Armee« oder »Baut den Staat auf«. Interessant sind auch die Vornamen der großen chinesischen Staatsmänner des 20. Jahrhunderts:

– »Zedong« in Mao Zedong = Glanz des Ostens
– »Xiaoping« in Deng Xiaoping = Kleiner Frieden
– »Zemin« in Jiang Zemin = Glanz des Volkes

Hier hatten die Eltern offensichtlich von Anfang an den Wunsch, dass aus ihren Söhnen einmal etwas Großartiges wird. Heutzutage sind in China auch ausländische Vornamen beliebt, zum Beispiel Lilli oder David.

## Schönschrift

Die Kunst des Schönschreibens heißt »Kalligrafie«. Gute chinesische Kalligrafen können so berühmt werden wie bedeutende Maler. Für ihre Werke bezahlen manche Liebhaber viel Geld.

Will man Schriftzeichen kunstvoll zu Papier bringen, braucht man einen Pinsel, schwarze Tusche und saugfähiges Reispapier. Ein geübter Kalligraf führt die Striche und Punkte eines Zeichens so elegant wie möglich aus. Dabei darf er den Pinsel nicht absetzen und das Zeichen auch nicht nachträglich korrigieren. Sein Pinsel tanzt regelrecht über das Papier: hier schneller, dort langsamer, mal mit mehr, mal mit weniger Druck. Manche Linien scheinen leicht und schwebend zu sein wie treibende Wölkchen, manche so kraftvoll wie ein Drache im Absprung.

Drache

Chinesische Kalligrafien zeigen oft einzelne Schriftzeichen oder auch Verszeilen aus berühmten Gedichten. Ein Kalligraf lässt sich immer auch von der Natur inspirieren und drückt seine Gedanken, Gefühle und Ideale in dem Kunstwerk aus. Ein chinesisches Sprichwort sagt: *Ein gutes Herz führt einen guten Pinsel.*

Die beiden hier gezeigten Kalligrafien stammen übrigens vom chinesischen Künstler Yu Feng aus Wien.

Wolke

Unsere Nachnamen gehen oft auf eine Berufsbezeichnung oder einen Ort zurück, wie zum Beispiel »Schneider«, »Fischer« oder »Bremer«, und die Vornamen sind häufig die von christlichen Heiligen.

In China haben die Familiennamen eher keine solche Bedeutung, und sie bestehen meist aus einer Silbe. Bei der Heirat behalten Frauen ihren Mädchennamen, die Kinder werden nach dem Vater benannt. Das Besondere ist: 87 Prozent der chinesischen Bevölkerung haben gerade mal 100 verschiedene Nachnamen. Die meisten Chinesen tragen Nachnamen wie Li, Wang, Zhang, Wu oder Zhu. Könnt ihr euch vorstellen, dass allein 105 Millionen Menschen in China Li heißen? Das sind mehr als die Einwohner Deutschlands, Österreichs und der Schweiz zusammen! Das ist fast so, als würden alle Deutschen, Österreicher und Schweizer Müller heißen.

| **shàng** = oben | **hǎi** = Meer |
| --- | --- |
| 上 | 海 |

**shànghǎi** = Shanghai

## Zimtwald, Perlfluss und Duftender Hafen

Die Namen von chinesischen Städten, Flüssen und Bergen klingen in der Übersetzung zum Beispiel so:

**Beijing** = Peking = Nördliche Hauptstadt
**Nanjing** = Nanking = Südliche Hauptstadt
**Shanghai** = Über dem Meer
**Hongkong** = Duftender Hafen

**Chongqing** = Stadt des Doppelglücks
**Tianjin** = Stadt der Himmelsfähre
**Guilin** = Zimtwald
**Qingdao** = Grüne Insel
**Lanzhou** = Orchideenland
**Yantai** = Stadt der Nebelterrassen
**Changchun** = Stadt des langen Frühlings

**Changjiang** = Yangzi = Langer Fluss
**Huanghe** = Gelber Fluss
**Zhujiang** = Perlfluss

**Foshan** = Buddha-Berg
**Leshan** = Berg der Freude
**Emeishan** = Berg der Hochgeschwungenen Augenbraue

## Sehen alle Chinesen gleich aus?

Europäer nennen Chinesen oft »Schlitzaugen« – vermutlich weil wir an den Augen besonders deutlich den Unterschied zu uns sehen. Was das Auge schlitzförmig erscheinen lässt, ist eine Hautfalte (»Epikanthus-Falte«), die bei bestimmten Völkern von Geburt an da ist. Nicht nur Chinesen und Japaner haben diese Lidfalte, sondern zum Beispiel auch sibirische Völker.

Für uns sehen alle Chinesen gleich aus, weil wir selten Umgang mit ihnen haben und hauptsächlich die »Schlitzaugen« wahrnehmen. Ihre Haare scheinen immer schwarz zu sein, dabei haben Chinesen sehr wohl tiefschwarze, bläulichschwarze oder auch braune Haare. Genauso wie es bei uns hellblond, mittelblond und dunkelblond gibt. Umgekehrt sind wir für Chinesen einfach nur blond. Sie nennen das **huáng tóufa**, »gelbe Haare«.

## Langnasen

Chinesen bezeichnen westliche Ausländer mitunter als »Langnasen«. Auf Chinesisch heißt das **dà bízi** (»lange Nase«) oder **gāo bízi** (»hohe Nase«). Egal, ob niedliche Stupsnase oder unförmiger Zinken: Für Chinesen sind das alles »Langnasen«. So wie wir bei Schlitzaugen keinen Unterschied erkennen können. Sie fragen sich manchmal sogar, wie Europäer sich eigentlich küssen – da sind doch die riesigen Nasen im Weg! Wer in China als Chinese durchgehen will, sollte sich seinen Schal über Mund und Nase ziehen. Wenn man nichts sagt, kann das klappen.

## Chinesische Schönheitsideale

Wer in China bankrottgehen möchte, eröffnet am besten ein Sonnenstudio: Es wird nie ein Kunde kommen. Chinesen lieben weiße Haut. Sie wollen um keinen Preis braun werden. Zum Badeurlaub am Strand nehmen sie einen Schirm und langärmelige Kleidung mit, um sich vor jeglicher Sonneneinstrahlung zu schützen. Auch Bikinis sind deshalb tabu. Wahrscheinlich liegt das daran, dass Landarbeiter immer draußen arbeiten müssen und darum dunkel gefärbte Haut haben. Chinesen mit heller Haut zeigen, dass sie körperliche Arbeit im Freien nicht nötig haben und entsprechend wohlhabend sind. Bei den Europäern war das vor 100 Jahren genauso.

Heute legen wir uns mitten im Winter für viel Geld auf die Sonnenbank, um »schön« braun zu werden, und Chinesen ziehen sich auch im Hochsommer noch Handschuhe an, um »schön« weiß zu bleiben.

## Der Schönheit auf die Sprünge helfen

Chinesen finden aber nicht nur weiße Haut schön, sondern auch große, runde Augen ohne Hautfalte. Chirurgen verdienen eine Menge Geld mit Schönheitsoperationen, bei denen sie eitlen Chinesinnen diese Lidfalte wegoperieren. Viele Frauen glauben, dass sie nur mit runden Augen anderen »schöne Augen machen« können.

## Drei Zoll Goldener Lotos

So nannten Männer im alten China kleine gebundene Frauenfüße und waren ganz verzückt, wenn sie solche »Lotosfüße« sahen oder berührten. Drei chinesische Zoll, das sind etwa 9 Zentimeter. Das entspricht ungefähr der Fußlänge eines dreijährigen Kindes! Bis vor etwa 100 Jahren galt das noch als ideale Größe für den Fuß einer Frau.

Vor etwa 1 000 Jahren soll sich ein Kaiser in eine Tänzerin verliebt haben, die ihre Füße mit Seidenbändern umwickelte. So konnte sie noch graziler über die goldene, wie eine Lotosblüte geformte Bühne tanzen. Von da an war der winzig kleine Fuß ein Schönheitsideal. Spätestens im Alter von sechs Jahren begannen die Eltern, die Füße ihrer Töchter fest in Stoffbahnen einzuwickeln. So fest, dass die Zehenknochen brachen und es stark blutete. Manchmal hatten die Mädchen ihr Leben lang fürchterliche Schmerzen. Aber die Erwachsenen erzählten ihnen, dass sie mit »großen« Füßen keinen Mann finden würden und keine Zukunft hätten. Die Mädchen konnten kaum gehen, und das war durchaus erwünscht: So waren sie nämlich ans Haus gebunden. Das Füßebinden machten natürlich nur die Reichen, die nicht körperlich arbeiten mussten wie zum Beispiel Bäuerinnen. Im Jahr 1911 wurde das grausame Füßebinden in China schließlich verboten.

## Wer war eigentlich Konfuzius?

Konfuzius war ein berühmter chinesischer Philosoph. Er lebte vor etwa 2 500 Jahren und hat die Kultur, das Leben und die Moral der Chinesen stark beeinflusst. Noch heute wird er als großer Denker verehrt. Bekannt ist Konfuzius vor allem wegen seiner Lehre. Im Zentrum steht der »Edle«. Das ist ein Mensch, der sich besonders durch Liebe, Menschlichkeit und Güte auszeichnet: jemand, der nicht an seinen Vorteil denkt.

Für Konfuzius war oberstes Ziel, dass die Menschen friedlich zusammen leben. Um das zu erreichen, sollte der Herrscher des Staates gütig sein, dafür sollten ihm seine Untertanen Gehorsam und Respekt entgegenbringen. Dasselbe gilt für das Verhältnis zwischen Vater und Sohn, zwischen Mann und Frau, zwischen Älteren und Jüngeren und zwischen Freund und Freundin. Wenn alle Menschen sich an diese Regeln hielten, davon war Konfuzius überzeugt, dann gäbe es keinen Streit, keinen Neid, keine Eifersucht und keinen Krieg mehr auf der Welt.

朋友

**péngyou** = Freund

## Elternliebe

Die höchste aller konfuzianischen Tugenden ist die Liebe der Kinder zu den Eltern. Chinesische Kinder fühlen sich ihren Eltern auf ewig zu Dank verpflichtet – dafür, dass sie von ihnen erzogen und ausgebildet worden sind. Selbstverständlich erwarten Eltern, dass sich ihre Kinder immer um sie kümmern, im Alter für sie sorgen und sie nicht alleine wohnen lassen, dass sie ihnen keine Vorwürfe machen und einen Partner heiraten, mit dem auch sie einverstanden sind.

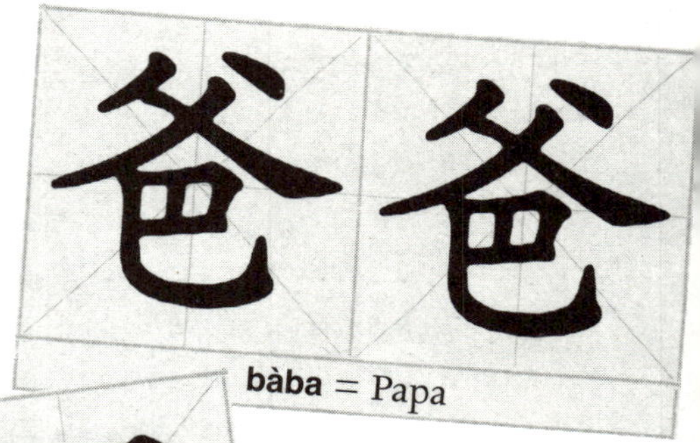

## Lebenslanges Lernen

Ein berühmtes Gedicht von Konfuzius handelt davon, wie sich im Lauf seines Lebens sein Charakter verändert hat – vom Kind zum Erwachsenen und schließlich zum alten Mann. Damit wollte er ausdrücken, dass sich der Mensch ein Leben lang weiter entwickeln kann, wenn er sich nur bemüht.

*Als ich 15 war, da strebte ich danach zu lernen.*
*Als ich 30 war, da hatte ich festen Stand gefunden.*
*Als 40-Jähriger waren meine Zweifel geschwunden.*
*Mit 50 Jahren kannte ich die Gesetze des Himmels.*
*Im 60. Lebensjahr waren meine Ohren weit geöffnet.*
*Und im 70. konnte ich meinen innersten Wünschen nachgeben, ohne unmäßig zu werden.*

## Ein alter Meister

Laozi bedeutet so viel wie »Meister Lao«. Dieser Mann soll vor ungefähr 2 500 Jahren gelebt haben. Auch er war ein bekannter chinesischer Denker. Aber es ist nicht ganz sicher, ob es ihn überhaupt gegeben hat. In China hat jedes Kind schon einmal von seiner Philosophie, dem Daoismus, gehört. **Dào** heißt auf Chinesisch wörtlich »Weg« oder »Sinn«. Der Daoismus ist also die »Lehre des Weges«. Bei dieser Lehre geht es um die Harmonie zwischen Mensch und Natur. In seinem Werk *Daodejing* hat Laozi viele Sinnsprüche und kurze Texte gesammelt. Zum Beispiel:

*Was die Raupe Ende der Welt nennt,*
*nennt der Rest der Welt Schmetterling.*

## Der Schmetterlingstraum

Zhuangzi heißt »Meister Zhuang«. Er ist der zweite große Vertreter des Daoismus und soll ungefähr 200 Jahre nach Laozi gelebt haben. Auch von ihm sind geistreiche Sprüche und Texte überliefert. Fast jedes chinesische Kind kennt seine Geschichte vom Schmetterlingstraum:

*Eines Tages schlief Zhuangzi. Er träumte, er sei ein Schmetterling und flatterte durch die Luft. Er fühlte sich glücklich und hatte Zhuangzi nicht im Sinn. Plötzlich erwachte er und war Zhuangzi. Nun wusste er nicht: War er ein Schmetterling, der träumte, er sei Zhuangzi? Oder war er Zhuangzi, der träumte, ein Schmetterling zu sein?*

## An welche Religion glauben die Chinesen?

Etwa zwei Drittel der Chinesen glauben an gar keine Religion. Ein großer Teil der gläubigen Chinesen bekennt sich zum Daoismus und zu traditionellen Volksreligionen. Nur ein geringer Teil sind Buddhisten, Muslime oder Christen.

## Chinas berühmtester Affe

*Die Reise nach dem Westen* ist einer der bekanntesten Romane in China. Held des Buches ist der Affenkönig Sun Wukong. Ihn kennt jedes Kind, weil er auch in vielen Filmen, TV-Serien, Comics und Theaterstücken vorkommt. Der Affenkönig ist frech, furchtlos und unverwundbar. In seinen Abenteuern macht er Himmel und Erde unsicher.

Geboren wird Sun Wukong am Ostrand des Ozeans auf dem Blumen-und-Früchte-Berg. Er schlüpft aus einem steinernen Ei, das der Wind befruchtet hat. Durch die Lüfte fliegen kann er und magische Fähigkeiten hat er auch. Bald vereint er alle Affen in einem Königreich und klaut obendrein den Zauberstab des Drachenkönigs im Östlichen Meer. Mit dieser mächtigen Waffe kann sich der Affenkönig in 72 Gestalten verwandeln und 108 000 Meilen weit fliegen.

Dafür, dass er den Zauberstab gestohlen hat, wird er in den Kerker der Hölle geworfen, kann sich aber wieder befreien. Dann rebelliert der Affenkönig gegen den Jadekaiser im Himmel und schluckt die Pille der Unsterblichkeit. Einmal fordert er sogar den großen Religionsführer Buddha heraus. Der steckt Sun Wukong zur Strafe ins Gefängnis. Und dort muss er Tausende von Jahren schmachten, bis die Göttin der Barmherzigkeit für seine Freilassung sorgt. Aber nur unter einer Bedingung: Der Affe muss den buddhistischen Mönch Xuanzang von China nach Indien begleiten, also mit ihm Richtung Westen ziehen. Zur Kontrolle muss der Affe einen eisernen Helm tragen. Der zieht sich immer dann ganz eng um seinen Kopf zusammen, wenn er mal wieder zu übermütig wird.

## Die Reise nach dem Westen

Der Mönch Xuanzang will in Indien die heiligen Schriften Buddhas finden und nach China bringen. Außer dem Affenkönig Sun Wukong gehen noch zwei Gefährten mit auf die lange Reise: ein Mann namens »Schweinekopf« und »Bruder Sand«. Schweinekopf hat die Tochter des Jadekaisers entführt und ist zur Strafe mit dem Gesicht eines Schweins wiedergeboren worden. Bruder Sand ist ein in Ungnade gefallener Beamter des Himmels, der nun als Dieb und Mörder auf der Erde lebt. Beide sollen mit der Pilgerreise für ihre schlimmen Taten büßen.

Unterwegs versuchen wilde Tiere, Monster und böse Geister, die vier Reisenden am Weitergehen zu hindern oder sie sogar zu töten. Doch der listige Affenkönig schafft es immer wieder, seine Schützlinge aus schwierigen Situationen zu befreien. Nach 14 Jahren haben die Pilger es endlich geschafft: Sie überbringen die buddhistischen Schriften aus Indien dem Kaiser von China. Als Dank wird Schweinekopf zum »Himmlischen Altarputzer« ernannt und Bruder Sand zu einem »Heiligen des Himmels«. Der Mönch und der Affenkönig aber werden zu »Erleuchteten«. Im buddhistischen Glauben heißt das, man hat den Zustand des höchsten Glücks erreicht. Christen würden vom »Paradies« sprechen.

## Was die Chinesen alles erfunden haben

Das Papier

Das Schwarzpulver

Den Buchdruck

Den Kompass

### Die falsch gepolte Nadel

Der Kompass ist ein Gerät, mit dem man die Himmelsrichtung bestimmen kann, in die man gerade geht oder fährt. In China gab es ihn schon vor 2400 Jahren. Wir Europäer haben ihn erst vor 800 Jahren übernommen. Dabei ist allerdings ein kleiner Irrtum passiert: Auf europäischen Kompassen zeigt die Nadel nach Norden, in China aber schon immer nach Süden! Deshalb heißt »Kompass« auf Chinesisch auch »Nadel, die nach Süden zeigt«. Wenn das die chinesischen Erfinder wüssten, würden sie sich entweder schlapp lachen oder im Grab umdrehen. Aber eigentlich ist ja auch ziemlich egal, ob die Menschen nun nach Norden oder nach Süden rennen. Irgendwann würden sie sich treffen. Jedenfalls solange die Erde rund ist.

**huángdì** = Kaiser

## Die Verbotene Stadt

Mitten in der chinesischen Hauptstadt Peking liegt der Kaiserpalast. Er war einst das Zentrum des Riesenreiches China. Bis Anfang des 20. Jahrhunderts wohnten hier der Kaiser und seine Gemahlin, völlig abgeschirmt von der Welt der Normalsterblichen. Außer der kaiserlichen Familie durften nur Minister, Staatsbeamte und Bedienstete in den Palast. Deshalb heißt er auch »Verbotene Stadt«. Tatsächlich war es eine Stadt in der Stadt, denn hier lebten und arbeiteten zeitweise mehr als 30 000 Menschen.

Die Verbotene Stadt wurde vor fast 600 Jahren gebaut – aus Holz, Marmor, Granitstein und Tonziegeln. Etwa 200 000 Arbeiter rackerten für den Bau. Manche der hölzernen Hallen und Pavillons sind noch original erhalten. Der Palast ist umgeben von einer über acht Meter hohen und sechs Meter dicken Mauer mit Toren und Wachtürmen. Die Mauern bilden ein großes Rechteck, das Gelände ist ungefähr so groß wie 100 Fußballfelder. Fast einen Kilometer läuft man vom südlichen bis zum nördlichen Tor. Alle Gebäude rechts und links der Mittelachse sind spiegelgleich angeordnet. Für Chinesen ist das eine Art »himmlische« Ordnung. Und genau über diese Achse wurde immer die kaiserliche Sänfte getragen.

## Ein Palast mit fast 10 000 Zimmern

Angeblich hat der Kaiserpalast genau 9999 Räume – plus einen halben! Was diese krumme Zahl soll? Sie steht symbolisch für unendlich viele Räume. Außerdem bringt die Zahl 9 Glück. In einer alten chinesischen Sage heißt es auch, der Jadekaiser im Himmel habe 10 000 Zimmer in seinem Palast. Also durfte sein Sohn auf der Erde – der Kaiser von China – auf keinen Fall genauso viele Zimmer haben. So habe der Kaiser eben einen halben Raum weniger in die Verbotene Stadt gebaut, heißt es in der Sage weiter. Und wo ist dieser halbe Raum? Er soll sich im hinteren Teil des Palastes befinden und so klein sein, dass nur eine Treppe hineinpasst.

## Von Höchster Harmonie

Die Verbotene Stadt ist heute ein Museum, das jedes Jahr Millionen von chinesischen und ausländischen Touristen besuchen. Wer hinein will, muss zunächst eine Brücke über einen 50 Meter breiten Wassergraben überqueren, der die ganze Verbotene Stadt umschließt, und dann durch den südlichen Haupteingang gehen: durch das rot bemalte, hufeisenförmige »Mittagstor«. Anschließend geht man über die fünf Brücken des Goldwasserflusses und kommt dann zu den verschiedenen Toren, Hallen, Palästen und Pavillons. Zum Beispiel zum

Tor der Höchsten Harmonie

Palast der Glückwünsche zur Geburt eines Sohnes

Pavillon des Blütenregens

Halle des Kaiserlichen Friedens

Palast des Rüstigen Alters

Halle der Pflege des Herzens

Pavillon der angenehmen Klänge

Palast des Immerwährenden Frühlings

Halle der Berührung von Himmel und Erde

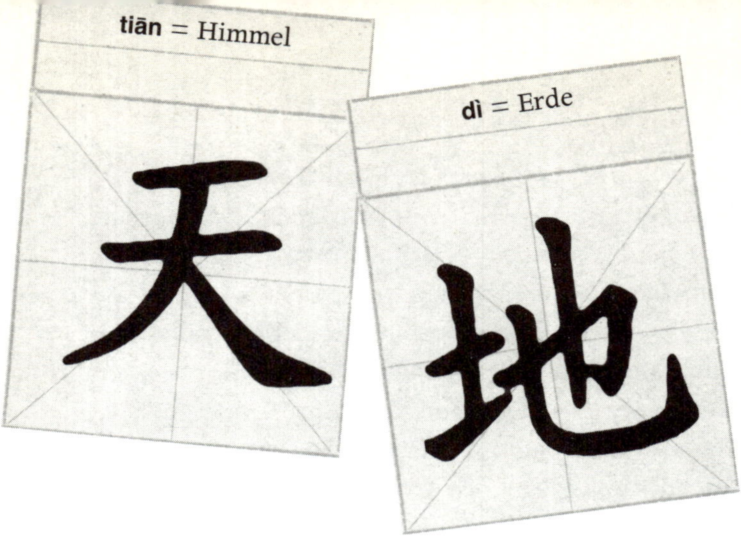


## Der Kaiser von China

»Du denkst wohl, du bist der Kaiser von China!« Das sagt man manchmal zu Leuten, die sich einbilden, etwas Besonderes zu sein. Denn früher war der Kaiser von China wirklich etwas ganz Besonderes: der Herrscher eines Riesenreiches.

Der Kaiser von China galt als »Sohn des Himmels«, denn alle waren überzeugt, dass eine göttliche Macht im Himmel ihn zum Kaiser gemacht hatte. Die Chinesen glaubten einst, dass der Himmel der Vater und die Erde die Mutter der Menschheit sei. Und so hatte der Kaiser die Aufgabe, zwischen Vater, Mutter und den Menschen zu vermitteln. Handelte der Kaiser einmal nicht im Sinne des Volkes, so schickten Himmel und Erde schreckliche Katastrophen über das Land: Erdbeben, Fluten oder Hungersnöte. Das war für das Volk das Zeichen dafür, dass der Kaiser abgewirtschaftet hatte. Wenn ein neuer Kaiser an die Macht kam, war es oft der Sohn des alten Kaisers.

## Prinzenleben

Für die Söhne des Kaisers, die Prinzen, begann ab dem fünften Lebensjahr eine harte Lehrzeit. Neun Stunden am Tag hatten sie Unterricht bei den berühmtesten Lehrern des Landes: Sie mussten die schwierigen Texte des Philosophen Konfuzius studieren und lernen, wie man Pferde reitet oder mit Waffen kämpft. Zum Spielen blieb wenig Zeit. Ein Prinz hatte nur 20 Tage Ferien im Jahr. Auch wurde er nicht von seiner Mutter erzogen, sondern von eigens dafür angestellten Erzieherinnen.

## Puyi – der Kaiser, der ein Kind war

Puyi war erst zwei Jahre alt, als er 1908 der letzte Kaiser von China wurde. Seine Eltern waren schon früh gestorben, und einen anderen Nachfolger gab es nicht. Man nannte ihn auch den »Kindkaiser«. Als er den Drachenthron bestieg, kam er kaum alleine die Stufen hoch. Meist trug er ein goldgelbes Seidenmäntelchen und einen schwarzen Seidenhut. Darunter lugte sein langer geflochtener Zopf hervor. Bei festlichen Anlässen versammelten sich etwa 20000 Minister, Hofbeamte und Diener auf dem großen Platz vor seiner Thronhalle und machten »Kotau«. Das heißt, sie warfen sich auf die Knie und zeigten ihre Verehrung, indem sie mit der Stirn den Boden berührten. Auch nahestehende Verwandte und hohe Bedienstete durften dem Kaiser nur auf Knien entgegen rutschen. Sie mussten ihn mit »Hoheit« ansprechen, oder mit »Herr der 10000 Jahre«. Puyi war nur kurz Kaiser: Nach drei Jahren wurde er gestürzt, und die Kaiserzeit in China war für immer zu Ende.

## Kein normaler Kinderalltag

Puyis Leben war lange nicht so unbeschwert wie das anderer Kinder. Der Kindkaiser musste sich strengen Regeln anpassen und immer so tun, als sei er schon erwachsen. Einfach nach draußen laufen oder mit Freunden spielen, wenn ihm gerade danach war? Unmöglich! Wenn er einen Spaziergang im Garten machen wollte, folgten ihm Dutzende von Dienern mit einer Sänfte und mit Tragstangen, an denen Kisten und Säcke baumelten. Die waren voller Sachen, die Puyi auf seinem Spaziergang eventuell brauchen konnte: Kleider zum Wechseln, Süßigkeiten, Stühle und Nachttöpfchen, ein Teegeschirr, Tabletten gegen die Hitze und Erste-Hilfe-Medizin gegen aufgeschlagene Knie.

## Des Kaisers viele Frauen

Wenn der Kaiser von China erwachsen war, hatte er nicht nur eine, sondern gleich 20 oder 30 Frauen an seiner Seite. Nur eine war die Kaiserin, die anderen waren Nebenfrauen oder »Konkubinen«. So hießen die Geliebten des Kaisers. Ihr Ansehen am Hof hing davon ab, wie gern der Herrscher sie mochte und wie oft er sie abends zu sich holte.

Der sehnlichste Wunsch aller Konkubinen war, vom Kaiser ein Kind zu bekommen. Möglichst einen Jungen, weil der dann später Kaiser werden konnte. So sind manche Konkubinen zur angesehenen Mutter eines neuen Kaisers geworden. Aber viele dieser jungen Frauen warteten ein ganzes Leben lang, ohne dass der Kaiser sie auch nur eines Blickes würdigte.

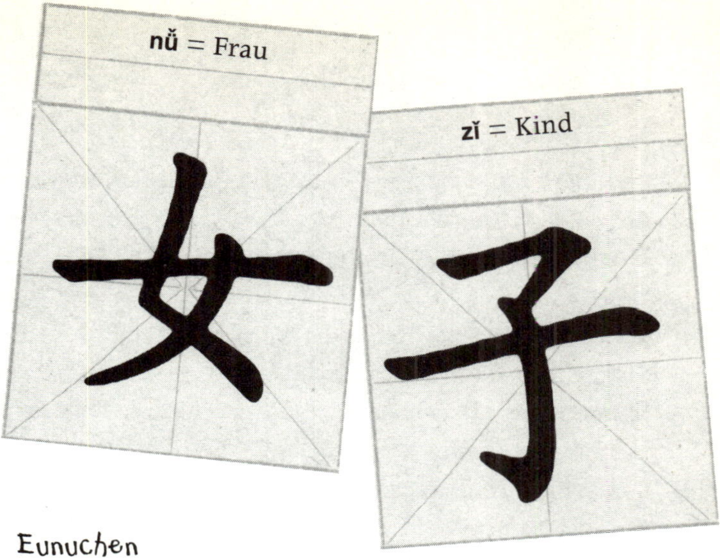


## Eunuchen

Im Kaiserpalast lebten nicht nur viele hübsche Frauen, die dem Kaiser zu Diensten waren. Auch junge Männer arbeiteten dort. Da war die Versuchung, mit den Frauen eine Liebschaft anzufangen, sehr groß. Doch das hätte den Kaiser eifersüchtig gemacht, denn die Frauen sollten ja nur für ihn da sein. Deshalb ließ er alle männlichen Bediensteten im Palast »kastrieren«, so dass sie nicht mehr mit den Frauen schlafen konnten. Eine ziemlich blutige Angelegenheit, die nicht alle Männer überlebten. Aber wer überlebte, konnte »Eunuch« werden und durfte als gut bezahlter Diener des Kaisers auf ein besseres Leben hoffen. Eunuchen hatten meist eine sehr hohe, fast mädchenhafte Stimme, und manche von ihnen waren sehr mächtig. Wenn sie sich gut stellten mit dem Kaiser, hatten sie mehr Einfluss auf ihn als die Minister seiner Regierung.

## Des Kaisers stumme Wächter

Früher ließen sich die chinesischen Kaiser in geheimen Kammern unter riesigen Erdhügeln begraben. Auch der erste Kaiser **Qín Shí Huángdì** (»Erhabener Kaiser Qin«), der im Jahr 210 v. Chr. verstarb. Für seine gewaltige Grabanlage bei Xi'an in Zentralchina ließ er sich eine ganze Armee aus Ton anfertigen – mit Pferden und Streitwagen und bis zu zwei Meter großen Soldatenfiguren. Die tönerne Armee sollte die Macht des Kaisers symbolisieren und ihn im Jenseits beschützen.

Das Kaisergrab wurde 1974 zufällig entdeckt, als Bauern in ihrem Dorf einen Brunnen bohrten und dabei alte Tonscherben und Pfeilspitzen fanden. Seitdem arbeiten Archäologen daran, die mehr als 7 000 Tonsoldaten des Kaisers auszugraben und für die Nachwelt zu retten. Die Sensation: Die Gesichter und Gewänder der Figuren sehen alle unterschiedlich aus und waren sogar einmal bunt bemalt. 2 000 Jahre lang waren die Farben in der feuchten, luftdichten Erde frisch geblieben. Doch sobald sie bei der Ausgrabung mit der trockenen Luft in Berührung kommen, blättert die Farbe ab. Die »Terrakotta-Armee« in Xi'an gehört seit 1987 zum Weltkulturerbe und ist eines der meistbesuchten Touristenziele in China.

## Böse Drachen

In unseren Sagen und Märchen ist der Drache ein Menschen fressendes, Feuer speiendes Ungeheuer, das meist von einem tapferen Helden bezwungen wird. Manchmal nennen auch Schüler ihre besonders strenge Lehrerin hinter vorgehaltener Hand einen »Drachen«. Die gnadenlose Frau Mahlzahn aus dem Buch *Jim Knopf und Lukas der Lokomotivführer* zum Beispiel ist nicht nur garstig *wie* ein Drache, sie *ist* ein Drache!

## Gute Drachen

In China heißt der Drache **lóng**. In den Märchen und Sagen des Landes wird er als gutartiges Tier dargestellt. Er steht symbolisch für den Himmel, für Glück und Reichtum und früher auch für den Kaiser. Auf Bildern reitet er oft auf kleinen Wölkchen im Himmel. Er hat einen blauen oder grünen schlangenartigen Leib mit Schuppen, spitze Krallen und einen löwenähnlichen Kopf. Sein bärtiges Maul ist meist weit aufgerissen. Er kann sich so klein machen wie eine Seidenraupe oder so groß, dass er nur knapp zwischen Himmel und Erde passt. Und wenn er will, macht er sich unsichtbar. Oft wird er mit einer Perle dargestellt. Sie symbolisiert den Donner, der den Regen auf die Erde bringt. In einer chinesischen Volkssage wohnt der »Meeresdrachenkönig« in einem prächtigen Palast. Dort, tief unten im Meer, besuchen ihn Glückskinder, die manchmal eine Drachentochter zur Frau bekommen.

Die Chinesen sehen sich gerne als Nachkommen dieses Fabeltieres, also als »Drachenkinder«. Der Kaiser von China nannte sich »Sohn des Himmels« oder eben »Drachensohn«, um den Untertanen zu zeigen, wie mächtig er ist. In seinem Palast saß er in der »Halle der Höchsten Harmonie« auf dem Drachenthron. Nur er durfte seinen goldgelben Seidenmantel mit prächtigen Mustern dieses Tieres besticken lassen. Heute schlängeln sich Millionen von Drachen durch ganz China: als Statuen, auf Möbeln, Schmuckstücken und Porzellanvasen oder als Verzierung auf Türen, Wänden und Kleidungsstücken.

Wer nach dem chinesischen Horoskop im Jahr des Drachen geboren ist, darf sich als etwas Besonderes fühlen. Denn die Chinesen glauben, dass diese Menschen im Leben sehr glücklich und erfolgreich werden.

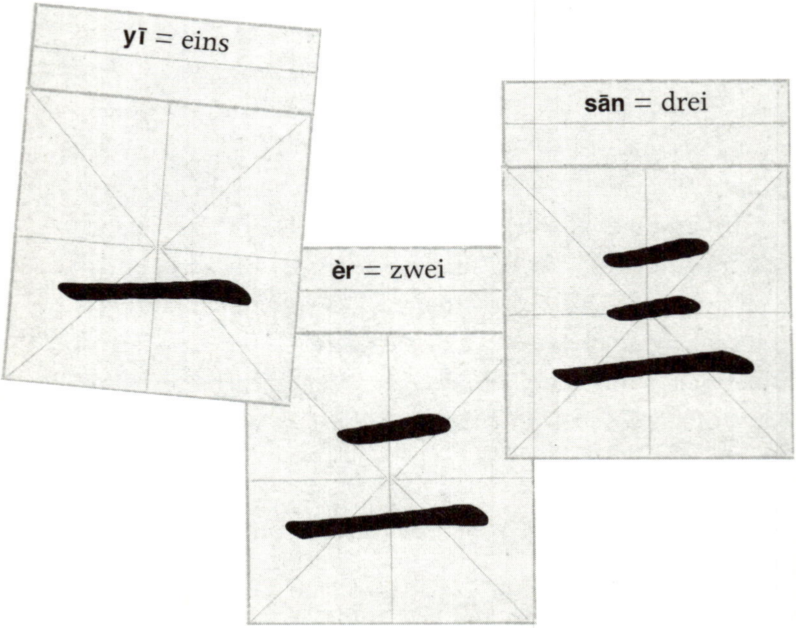

## Der chinesische Mondkalender

Auch in China lebt und arbeitet man heute offiziell nach dem Kalender, den wir kennen: Mit 365 Tagen geht er vom 1. Januar bis 31. Dezember und hat alle vier Jahre ein Schaltjahr, in dem der 29. Februar eingefügt wird. Die Chinesen nennen das den »westlichen Kalender« oder »Sonnenkalender«. Der traditionelle chinesische Kalender funktioniert anders: Er richtet sich nach dem Lauf des Mondes. Man nennt ihn auch den »Bauernkalender«, weil sich die Landwirte beim Bestellen der Felder danach richten. Die Monate gehen jeweils von Neu- bis Vollmond und sind 29 oder 30 Tage lang. Das chinesische Jahr mit zwölf Mondmonaten hat also nur 354 Tage. Um die »fehlenden« Tage zwischen Sonnen- und Mondkalender auszugleichen, werden im chinesischen Kalender in bestimmten Abständen Schaltmonate eingefügt.

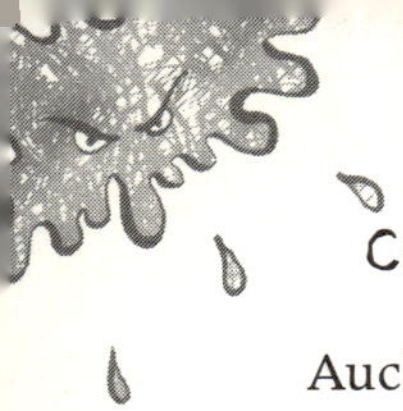

## Chinesisches Neujahr

Auch die traditionellen Feste richten sich nach dem Mondkalender. Das chinesische Neujahr beginnt mit dem zweiten Neumond nach der Wintersonnenwende. Nach unserem Kalender fällt es jedes Jahr auf ein anderes Datum, auf jeden Fall zwischen Mitte Januar und Ende Februar. Im chinesischen »Bauernkalender« ist das der »Frühlingsanfang«, deshalb heißt das Neujahrsfest auch »Frühlingsfest«. Es ist ein Familienfest, das in China so wichtig ist wie bei uns Weihnachten. Alle haben mehrere Tage frei, um mit ihrer Familie gemeinsam zu feiern.

## Hausputz vor dem Fest

Ähnlich wie bei uns soll das Haus zum Neujahrsfest blitzsauber sein. Aber wenn die Familie außer dem Schmutz auch die bösen Geister aus den Ecken putzen will, muss sie einen Bambusbesen verwenden – so will es der Volksglaube. Wer mit dem Staubsauger sauber macht, bindet Bambuszweige am Rohr fest – für alle Fälle.

## Der Küchengott

Zur Vorbereitung des großen Festes gehört es außerdem, den »Küchengott« gnädig zu stimmen. Denn der kennt angeblich alle guten und bösen Taten in der Familie und erzählt am Jahresende alles dem »großen Jadekaiser«. Deshalb werden dem Küchengott lange vor Silvester Süßigkeiten gemacht und vor seine Statue gestellt. So erzählt er dem Jadekaiser nur Süßes und klebt ihm im Zweifelsfalle buchstäblich den Mund zu. Denn der große Jadekaiser entscheidet darüber, wie es der Familie im neuen Jahr geht, und deshalb muss er unbedingt einen positiven Bericht bekommen.

## Drachentanz

Beim chinesischen Neujahrsfest tanzen große bunte Stoffdrachen durch die Straßen. In der Stoffverkleidung stecken manchmal mehr als zehn Männer. Mit dem wilden Drachentanz und dem Lärm tausender Böller und Knallfrösche wird das neue Jahr begrüßt. Außerdem will man damit das böse **Nian**-Monster vertreiben, das einer alten Sage zufolge Menschen frisst und Häuser demoliert. Richtig zu Ende ist das Neujahrsfest erst am 15. Tag des neuen Jahres, am sogenannten Laternenfest. Da ziehen an vielen Orten Kinder mit Laternen durch die Straßen, so ähnlich wie bei uns an Sankt Martin im November.

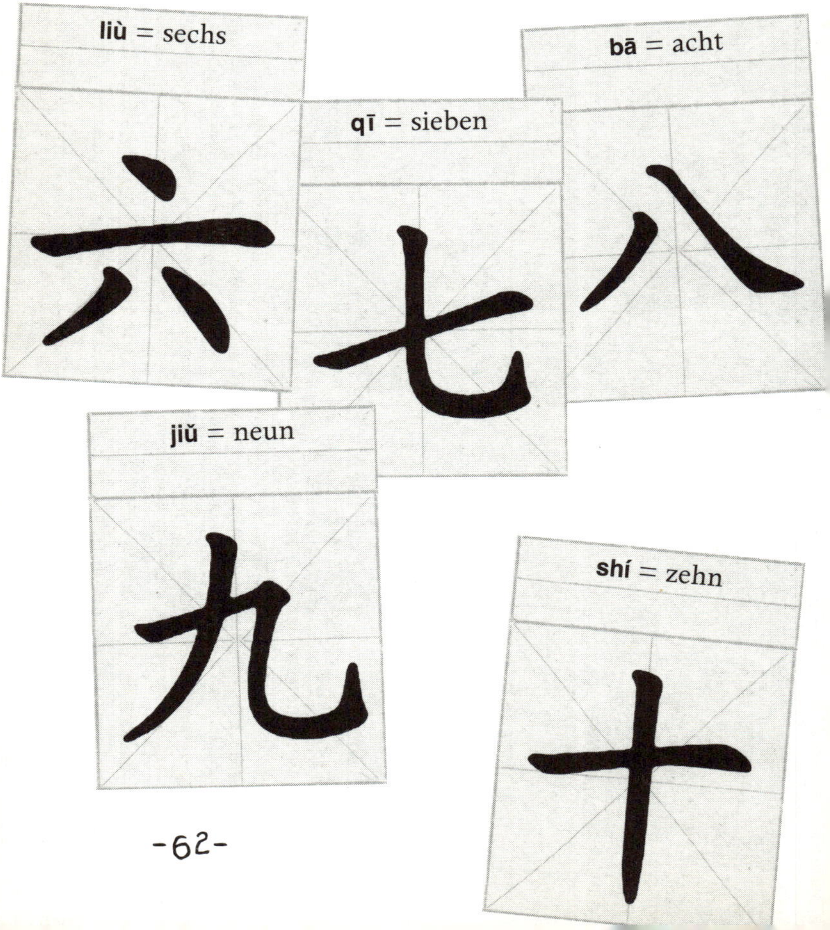

## Die pfiffige Ratte

Im chinesischen Horoskop gibt es keine Schützen, Wassermänner oder Jungfrauen, sondern zwölf Tiere. Nach einer Legende rief der Religionsgründer Buddha zum Neujahrsfest alle Tiere zu sich. Doch nur zwölf folgten der Einladung: Ratte, Büffel, Tiger, Hase, Drache, Schlange, Pferd, Ziege, Affe, Hahn, Hund und Schwein. Zum Dank schenkte Buddha jedem Tier ein ganzes Mondjahr, in der Reihenfolge ihres Erscheinens. Jedes Tier sollte sein Jahr, das sich alle zwölf Jahre wiederholt, mit seinem Charakter prägen. Die Ratte war besonders pfiffig. Auf dem Weg zu Buddha sprang sie dem Büffel auf den Rücken und rutschte gerade rechtzeitig herunter, um im Ziel die Erste zu sein. Deshalb ist das Jahr der Ratte das erste in dem Zyklus der 12 Jahre.

## Kurze Beine, langer Schwanz

Ob das alles immer so stimmt mit den Tierkreiszeichen? Einmal meinte ein Chinese zu seinem Freund, ein Ratte-Geborener habe wenig Glück im Leben zu erwarten, denn: »Kurze Beine, kurzes Glück.« Der Freund war ausgerechnet im Jahr der Ratte geboren und reagierte entsetzt. Da korrigierte sich der Schlaumeier ganz schnell: »Kein Problem! Langer Schwanz, langes Glück.« Und alles war wieder in Butter.

## Der rote Gürtel

Alle 12 Jahre müssen abergläubische Chinesen besonders vorsichtig sein. Nämlich immer dann, wenn das Tierkreiszeichen des eigenen Geburtsjahres wiederkehrt. Vor Unglück schützt ein roter Stoffgürtel, der direkt auf der Haut getragen wird. Oder ein Stück Jadeschmuck, an einem roten Faden um den Hals getragen. Oder das Tragen einer roten Unterhose. Viele Chinesen halten sich bis heute an solche Methoden. Ob es dem Hund allerdings hilft, wenn ihm sein Herrchen im Jahr des Hundes ein rotes Halsband umbindet, ist fraglich.

## Die chinesischen Tierkreiszeichen und ihre Jahreszahlen

**Die schlaue, fleißige Ratte** passt gut zu Drache, Affe oder Büffel: 1948, 1960, 1972, 1984, 1996, 2008, 2020 …

**Der gemütliche, bescheidene Büffel** passt gut zu Ratte und Affe: 1949, 1961, 1973, 1985, 1997, 2009 …

**Der ehrliche und zielstrebige Tiger** passt gut zu Hund und Pferd: 1950, 1962, 1974, 1986, 1998, 2010 …

**Der nette und selbstlose Hase** passt gut zu Schwein und Ziege: 1951, 1963, 1975, 1987, 1999, 2011 …

**Der mutige und tüchtige Drache** passt gut zu Ratte, Affe oder Hahn: 1952, 1964, 1976, 1988, 2000, 2012 …

**Die kluge und eitle Schlange** passt gut zu Hahn und Büffel: 1953, 1965, 1977, 1989, 2001, 2013 …

**Das freundliche und ungeduldige Pferd** passt gut zu Hund und Tiger: 1954, 1966, 1978, 1990, 2002, 2014 …

**Die sensible und bescheidene Ziege** passt gut zu Hase und Schwein: 1955, 1967, 1979, 1991, 2003, 2015 …

**Der fröhliche und optimistische Affe** passt gut zu Büffel und Ratte: 1956, 1968, 1980, 1992, 2004, 2016 …

**Der stolze und charmante Hahn** passt gut zu Drache und Schlange: 1957, 1969, 1981, 1993, 2005, 2017 …

**Der gerechte und philosophische Hund** passt gut zu Pferd und Tiger: 1958, 1970, 1982, 1994, 2006, 2018 …

**Das glückliche und geduldige Schwein** passt gut zu Hase und Ziege: 1959, 1971, 1983, 1995, 2007, 2019 …

## Das Märchen vom Kuhhirten und der Weberin

Die Weberin war die jüngste Tochter des Himmelskaisers und auch die fleißigste. Sie webte die herrlich bunten Wolken, die morgens am östlichen Himmel zu sehen sind. Eines Tages nahm sie auf der Erde mit ihren Schwestern ein Bad in einem klaren Fluss. Dort führte gerade ein armer Kuhhirte seinen Ochsen zur Tränke. Er sah die sieben Feen, und er bemerkte, dass die jüngste die schönste war. Der Kuhhirte fasste sich ein Herz, lief hin und holte sich die Kleider der Jüngsten.

»Gib mir meine Kleider zurück, Kuhhirte!«, rief die Weberin.

»Nur wenn du einwilligst, meine Frau zu werden«, erwiderte der Kuhhirt treuherzig.

Die Weberin sah, dass der Junge sie aufrichtig liebte, und gab nach. Die beiden heirateten, führten ein glückliches Leben und bekamen zwei liebliche Kinder.

Der Himmelskaiser aber befahl der Kaiserin, die Weberin in den Himmel zurückzuholen. Da eilte der Kuhhirte seiner geliebten Weberin hinterher. Kaum hatte er sie eingeholt, da schwang die Himmelskaiserin ihren Arm über das Firmament, und schon entstand zwischen den beiden ein breiter silberner Fluss – die Milchstraße. Seitdem trennt dieser Fluss den Hirten und seine geliebte Weberin.

Dem Himmelskaiser tat seine Jüngste schließlich leid. Er erlaubte den gutherzigen Elstern, ein Mal im Jahr eine Brücke über den silbernen Fluss zu schlagen. Auf dieser Brücke trifft seither die Weberin mit ihrem Geliebten und ihren Kindern zusammen.

Das ist immer am siebten Tag des siebten Monats nach dem Mondkalender. Wenn die Menschen dann zum Himmel aufsehen, prangen dort zwei strahlende Sterne, die durch den Silberfluss getrennt sind – der Kuhhirte und die Weberin.

Auf dem Land feiern die Chinesen diesen Tag heute noch als »Tag der Liebenden«, auch »Qixi-Fest« genannt. Da bekommen die Frauen Blumen geschenkt – wie bei uns am 14. Februar.

## Chinesische Farbenlehre

In China steht die Farbe Gelb für den Kaiser, für Reichtum und für die Erde. Das bezieht sich auch auf die ockergelbe bis gelbbraune Lösserde um den Gelben Fluss herum, die ganz besonders fruchtbar ist. Nur der Kaiser durfte gelbe Seidenkleider tragen. Nur sein Palast durfte mit gelben Dachziegeln gedeckt werden. Und noch heute empfinden die Menschen Ehrfurcht, wenn sie das kaiserliche Gelb sehen. Deshalb würde es kaum jemand wagen, diese Farbe am eigenen Leib zu tragen.

Grün symbolisiert in China Frühling und Frieden. Weiß ist die Farbe der Trauer, denn früher haben sich die Angehörigen der Toten in weiße, sackartige Gewänder gehüllt. Das Totenhemd heißt »Kleid des langen Lebens«. Und noch heute stecken sich chinesische Trauergäste eine weiße Papierblume an die Kleidung.

## Die Braut trägt rot

Für die Chinesen ist die wichtigste Farbe Rot. Denn Rot ist die Farbe der Freude und des Glücks. Sie steht für den Sommer und den Süden und vor allem für die Hochzeit. Wenn Chinesen auf traditionelle Weise heiraten, trägt die Braut ein enges rotes Kleid und einen roten Schleier. Die Gäste überbringen Geldgeschenke in roten Papiertütchen, und überall ist das rote Schriftzeichen für »Doppelglück« in der Ehe zu sehen: auf dem Stoff des Brautkleids, auf Einladungskarten, auf Zimmer- und Wohnungstüren, auf Fenstern, Bettdecken und Teetassen …

Allerdings ändern sich die Hochzeitsbräuche in China nach und nach. So wollen heute viele Bräute in einem weißen Kleid mit weißem Schleier heiraten. Das finden sie total romantisch!

## Glückszahlen

»Aller guten Dinge sind drei«, heißt es bei uns. Auch in China hat die 3 eine besondere Bedeutung. Sie steht für den Menschen, und der lebt zwischen Himmel und Erde. Der Himmel wird von der Zahl 1 vertreten und die Erde von der 2. Die Zahlen 1, 2 und 3, also Himmel, Erde und Mensch, bilden zusammen ein Ganzes. Und so ist es in China üblich, sich bei besonderen Gelegenheiten immer gleich drei Dinge auf einmal zu wünschen. Zum Beispiel Glück, Reichtum und ein langes Leben.

Als echte Glückszahl gilt in China die 8. So bezahlen viele Leute eine Menge Geld, nur um eine Autonummer mit drei Achten zu bekommen. Auch Telefonnummern mit mehreren Achten können ein halbes Vermögen kosten, weil alle denken, dass ihnen diese Zahl Glück im Beruf und in der Familie bringt. Denn »acht« wird auf Chinesisch ähnlich ausgesprochen wie das Wort für »reich werden«. Oft bringt man die 8 in Verbindung mit etwas besonders Wertvollem oder sehr leckeren Gerichten. So gibt es zum Beispiel die »8 unsterblichen Heiligen« im Daoismus, die »8 Symbole des Gelehrten« oder die »8-Kostbarkeiten-Suppe«.

Auch die 6 ist eine Glück verheißende Zahl. Denn das chinesische Wort für »sechs« klingt ähnlich wie das Wort für »fließen«. Die 6 verspricht besonders Brautpaaren eine Zukunft, in der alles »gut läuft«. Bei Hochzeiten schenken die Gäste oft einen Geldbetrag von genau 66 oder 666 chinesischen Yuan. Das soll dem Brautpaar Glück bringen.

## Unglückszahl

Die Unglückszahl bei uns ist die 13. In China ist es die 4. Denn das chinesische Wort für »vier« wird fast genauso ausgesprochen wie das Wort für »Tod« – nämlich **si**. Der »Tod« im dritten Ton, die »Vier« im vierten. Und so, wie es bei uns in einigen Gebäuden kein Zimmer mit der Nummer 13 gibt, lässt man in China manchmal den 4. Stock weg.

## Wie Chinesen mit den Fingern zählen

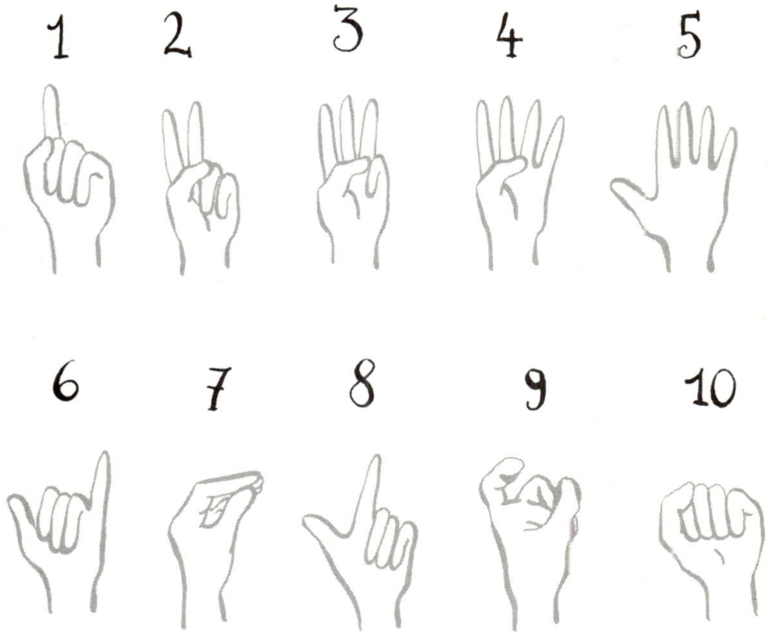

## Tischlein deck dich

Vor allem wenn es feierlich sein soll, essen Chinesen an großen runden Tischen. So kann jeder jeden sehen und alle kommen an alle Schüsseln heran. Manchmal stehen die Gerichte auch auf großen drehbaren Platten – wie auf einem Karussell. Denn Chinesen häufen sich nicht den eigenen Teller voll, um ihn dann leer zu essen. Sie nehmen sich jeden Bissen von einem der vielen Teller auf dem Tisch, legen ihn kurz in der eigenen Schale ab und führen ihn dann – oft mit der Schale – zum Mund.

Das chinesische »Besteck« sind zwei etwa 25 cm lange Essstäbchen, mit denen man zur Not auch bis zum leckeren Hühnchengericht an der anderen Seite des Tisches reichen kann. Die Stäbchen werden in einer Hand gehalten, zwischen Daumen, Zeige- und Mittelfinger. Am unteren Ende klemmt man dann die klein geschnittenen Fleisch- und Gemüsestückchen ein. Ungeübten Ausländern rutscht das Essen immer wieder herunter – vor allem glitschige Teigtaschen oder in Öl geröstete Erdnüsse.

Weil man zum Essen mit Stäbchen nur eine Hand braucht, kann die andere gleichzeitig machen, was sie will. Sie muss nicht brav auf dem Tisch liegen, sondern kann zum Beispiel ein Glas Cola halten oder ein Handy oder eine brennende Zigarette. Das sieht man in China häufig.

Kathryn Ratcliffe aus Großbritannien schaffte es übrigens, in drei Minuten 170 Smarties zu essen, und zwar mit Essstäbchen! Damit hält sie den Rekord im Guinnessbuch.

Essen Chinesen immer nur Reis?

Nein! Vor allem die Nordchinesen lieben jede Art von Nudelgerichten und bereiten die Nudeln dafür meistens frisch zu. Sie sind zum Beispiel die Besten im »**Jiaozi**«-Wickeln. »**Jiaozi**« sind mit Fleisch oder Gemüse gefüllte Taschen aus Nudelteig, die gedämpft, gekocht oder gebraten werden. Chinesen essen sie vor allem zum Neujahrsfest.

Aber natürlich isst man überall in China auch viel Reis. Im äußersten Nordwesten des Landes mit den Händen, ansonsten mit Stäbchen, und die Reissuppe, die es oft zum Frühstück gibt, mit dem Löffel. Der chinesische Reis darf nicht so körnig sein wie normalerweise bei uns. Er muss richtig kleben, sonst würde er auf dem Weg von der Schüssel zum Mund von den Stäbchen fallen. Und: Er wird nicht gesalzen. Gemüse und Fleisch werden gesalzen, Reis und Nudeln nie.

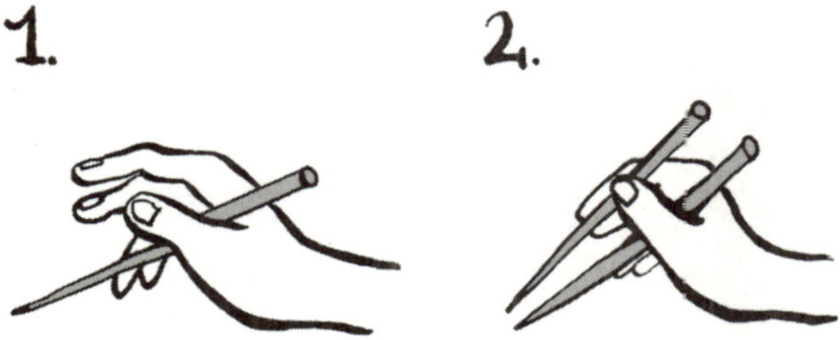

## Marco Polo und die Nudeln

Der Italiener Marco Polo war 17 Jahre alt, als er mit Vater und Onkel nach China reiste. Das war im Jahr 1271. Es heißt immer, dass Nudeln ursprünglich aus China kommen und dass Marco Polo sie nach Europa mitgebracht haben soll. Das ist aber Unsinn, sagen Chinaforscher heute. Jedenfalls war es eine Werbeidee in Italien 1964, »Makkaroni« mit »Marco Polo« in Verbindung zu bringen, weil beides ähnlich klingt. Seit wann es Nudeln in Europa gibt, ist nicht ganz klar. Die »Urnudel« entstand wahrscheinlich zufällig, als jemand in einem Backhaus Mehl mit Wasser zu einem Teig verrührt hat – der erste Nudelteig.

## Nudelsuppe mit Stäbchen

Das ist eine echte Herausforderung. Jedenfalls dann, wenn man sauber, leise und ordentlich essen will. Aber in China gibt es andere Benimmregeln als bei uns. Dort ist es völlig in Ordnung zu schlürfen, zu schmatzen und zu rülpsen. Wenn ein Gast das nicht tut, kann es sogar sein, dass der Gastgeber denkt, er habe schlecht gekocht. Darum ist es auch kein Problem, lange Nudeln lautstark in sich hineinzuschlürfen.

Dagegen ist es für Chinesen ziemlich ekelhaft, wenn sich jemand beim Essen mit einem Taschentuch die Nase putzt und das Tuch wieder in die Tasche zurücksteckt. Das kann Chinesen gründlich den Appetit verderben. Dann lieber die Nase hochziehen oder, wenn es gar nicht anders geht, sich die Nase auf der Toilette putzen.

## Chinesen – die Feinschmecker Asiens

Jemand hat einmal gesagt: »Chinesen essen nicht, um zu leben. Sie leben, um zu essen.« Das zeigt, wie wichtig Essen in China ist. Jedenfalls ist die chinesische Küche sehr raffiniert und vielseitig. In Peking zum Beispiel isst man gerne Nudeln, frischen Knoblauch, gefüllte Teigtaschen und zu festlichen Anlässen auch mal Pekingente. Ganz im Norden Chinas taucht man Fleisch und Gemüse wie beim Fondue in den mongolischen Feuertopf. Im westlichen Sichuan liebt man scharfe Chilisaucen und gebratene Lotoswurzeln, im östlichen Shanghai schlemmt man Fisch in brauner Soße und tausenderlei Gemüse, im südlichen Kanton ist man spezialisiert auf Krabbenfleischbällchen, süß-saures Schweinefleisch und raffiniert gefüllte Teigklößchen.

| **haǒ** = gut | **chī** = essen |
|---|---|
| 好 | 吃 |
| **haǒchī** = lecker | |

## Schlangenfilet und Bärentatze: Was in China noch so alles auf den Tisch kommt

Hundegulasch
Schildkrötensuppe
Schlangenfilet
gekochte Hühnerkrallen
frittierter Skorpion
gekochter Fischkopf
eingelegte Entenzunge
frittierte Seidenraupen
Affenhirn
gebratene Froschschenkel
Bärentatzen

## Iss dich gesund!

Chinesen glauben, dass Essen nicht nur satt, sondern auch gesund macht, wenn man zum Beispiel folgende Regeln beachtet:

**Hundefleisch** nur im Winter essen,
weil es den Körper wärmt.

**Wassermelone** im Sommer essen,
weil sie den Körper kühlt.

**Schlangengalle** ist gut für die Augen.

**Schweineleber** macht klug.

In Zucker gedünstete **Tauben** vertreiben den Husten.

**Fisch und Eier** bei Erkältung vermeiden,
weil das die Krankheit nur verschlimmern würde.

Also, wie auch immer das Tierchen heißen mag, das euch in China serviert wird: Augen zu, Mund auf!

## Schon mal von diesen Gerichten gehört?

**Schnee auf dem Vulkan** Gezuckerter Tomatensalat

**Betrunkene Nüsse** In Honig, Reiswein und Zimtblüten kandierte Walnüsse

**Seidenregen und einsame Wolken** Suppe mit dünnen Nudeln und weißen Pilzen

**Buddha hüpft über die Mauer** Pfanne mit vielerlei gebratenem Gemüse

**Tausendjährige Eier** in Aschebrei eingelegte Enteneier

**Ameisen krabbeln den Baum hinauf** Gebratenes Hackfleisch auf Glasnudeln

## So viele Chinesen

China hat etwas mehr als 1,3 Milliarden Einwohner, das ist eine zehnstellige Zahl mit 8 Nullen und bedeutet, dass jeder fünfte Bewohner der Erde Chinese ist. Die Einwohnerzahl Chinas ist aber erst in den vergangenen 50 Jahren nach oben geschnellt. Im Jahr 1680 waren es ungefähr 100 Millionen, 1950 – kurz nach der Gründung der Volksrepublik China – waren es noch etwas mehr als 500 Millionen Chinesen. Zum Vergleich: Deutschland hat heute rund 80 Millionen Einwohner. Aber das erste Staatsoberhaupt Chinas, Mao Zedong, wollte das Land groß und mächtig machen. Und dafür sollten so viele Chinesen wie möglich geboren werden. Je größer die Bevölkerung, desto mächtiger werde das Land, stellte sich Mao vor. Er träumte davon, dass es ein Erdbeben geben würde, wenn alle Chinesen auf einmal in die Luft sprängen. Innerhalb von nur 30 Jahren verdoppelte sich die Bevölkerungszahl: Im Jahr 1980 waren es schon eine Milliarde Chinesen, und in 50 Jahren werden es wahrscheinlich mehr als 1,4 Milliarden sein.

## Chinas »Ein-Kind-Politik«

Die vielen Menschen sind inzwischen ein Riesenproblem: Die Städte werden immer größer, immer mehr Menschen konsumieren immer mehr Dinge und brauchen Wasser, Nahrung und Energie. Züge und Busse sind ständig überfüllt, in den Städten herrscht überall Verkehrsstau, durch den Bau neuer Häuser entstehen zwar mehr Wohnungen, aber es gibt auch immer weniger Platz.

Um die Probleme nicht noch größer werden zu lassen, haben die Politiker 1979 die »Ein-Kind-Politik« ausgerufen: Jedes Paar darf grundsätzlich nur ein Kind bekommen. Das Ganze wird zumindest in den Städten streng kontrolliert und manchmal rücksichtslos durchgesetzt.

## Kleine Kaiser

Diese Einzelkinder nennen die Chinesen »Kleine Kaiser«. Denn sie werden von Eltern und Verwandten regelrecht vergöttert: Alle Liebe und alle Geschenke konzentrieren sich auf dieses eine Kind. Das führt häufig dazu, dass die Kinder zu viel Süßigkeiten essen, eigensinnig werden, übergewichtig und verwöhnt sind.

Aber die Eltern achten auch sehr darauf, dass ihr einziges Kind eine gute Schule besucht und eine möglichst gute Ausbildung bekommt. Wenn nötig, lassen sie sich das eine Menge Geld kosten.

## Vielvölkerstaat China

In China leben nicht etwa nur Chinesen, sondern noch 55 weitere Völker, die man »nationale Minderheiten« nennt. Das sind zum Beispiel Tibeter und Uiguren. Insgesamt machen sie fast 8 Prozent der Bevölkerung Chinas aus, das sind ungefähr so viele Menschen wie Deutsche, Schweizer und Österreicher zusammen.

Diese Völker haben oft eine eigene Sprache, eigene Sitten und Bräuche und einen eigenen Glauben. Die chinesische Regierung lässt den Minderheiten manche Freiheiten, zum Beispiel bei der Ein-Kind-Politik: Sie dürfen mehr als nur ein Kind bekommen. China ist stolz auf diese bunte Vielfalt im eigenen Land. Aber nur solange die Minderheitenvölker die Führung der Kommunistischen Partei Chinas anerkennen und keinen eigenen Staat gründen wollen.

**jiā** = Familie

## Der Staat

China ist keine Demokratie – also kein Staat, der nach dem Willen des Volkes regiert wird, sondern eine »Ein-Parteien-Diktatur«. Das heißt: Eine Partei, nämlich die Kommunistische Partei Chinas, hat das Sagen, und es gibt keine freien und gerechten Wahlen. Menschenrechte und Pressefreiheit sind in China nicht garantiert. Man kann nicht einfach demonstrieren, wenn einem etwas nicht passt, und auch nicht streiken, zum Beispiel für mehr Lohn. Wenn man es trotzdem tut, muss man mit schlimmen Strafen rechnen. Selbst das Internet wird überwacht. Allzu kritische Äußerungen – vor allem gegen die Regierung – werden von staatlichen Internet-Wächtern manchmal innerhalb von Minuten einfach gelöscht.

## Was ist Kommunismus?

Kommunismus ist die Idee von einer Gesellschaft, in der es keine sozialen Unterschiede zwischen den Menschen gibt und auch keine privaten Unternehmen oder Geschäfte. Kommunistisch sein heißt also: Jedem gehört alles, und keiner ist reicher als der andere – egal, welche Schulbildung oder welchen Beruf jemand hat. Alle bekommen gleich viel von dem, was sie zum Leben brauchen, und das wird von allen gemeinsam hergestellt. In so einem System sollen die Menschen wie in einer großen Familie zusammen leben und gemeinsam für eine bessere und gerechtere Welt arbeiten.

## Wie es wirklich ist

Das klingt eigentlich sehr schön, aber die Wirklichkeit sieht oft anders aus: Denn über die Verteilung aller Güter entscheiden am Ende doch die Regierenden, und die nutzen ihre Macht häufig zu ihrem eigenen Vorteil aus. Das ganz normale Volk dagegen ist meist arm und wird nicht nach seiner Meinung gefragt. Bestimmte Informationen bekommen die Menschen erst gar nicht, und die Medien berichten nur Dinge, die die Regierung genehmigt hat. Wer die Regierung kritisiert, muss mit Strafe rechnen.

## Mao Zedong

Jedes chinesische Kind kennt den Namen jenes Mannes, der am 1. Oktober 1949 die »Volksrepublik China« ausgerufen hat: Mao Zedong. Ihm zu Ehren stehen immer noch überall im Land große Statuen, und seit ein paar Jahren prangt sein Bild auch auf den Geldscheinen. Viele Taxifahrer haben sein Miniatur-Porträt zusammen mit einem Bild von Buddha am Rückspiegel baumeln – Mao als Schutzgott.

Doch wer genau war dieser Mann, den die Chinesen den »Großen Steuermann« nannten und der China fast dreißig Jahre lang regierte? 1893 wurde er als Kind einer Bauernfamilie in Zentralchina geboren. Mit 25 Jahren kam er nach Peking und wurde zu einem wichtigen Meinungsführer in der Politik. Nach langen Kämpfen, bei denen viele Menschen starben, gründete er 1949 die Volksrepublik China. Die Menschen empfanden ihn damals als »Befreier«. Außerdem verhalf er seinem Land wieder zu weltweiter Anerkennung – nach einem Jahrhundert der Unterdrückung durch ausländische Mächte. Aber später ließ er seine Kritiker äußerst brutal verfolgen. Durch schlimme Fehlentscheidungen in der Wirtschaft gab es eine riesige Hungersnot, bei der schätzungsweise 30 Millionen Menschen starben.

Trotzdem wird Mao von vielen Chinesen heute noch verehrt – mehr als 30 Jahre nach seinem Tod. Übergroß hängt sein Bild über dem Tor des Himmlischen Friedens. Nach diesem Tor ist der riesige Platz des Himmlischen Friedens im Zentrum Pekings benannt. Maos Kopf ziert immer noch Mützen, Anhänger, Buttons, Uhren oder Zigarettenanzünder.

## Die rote Bibel

Mao Zedong ließ während seiner Regierungszeit Millionen von kleinen roten Büchlein drucken und verteilen. Darin hatte er seine Ideen aufgeschrieben, die nun jeder ständig bei sich tragen, lesen und am besten auswendig lernen sollte. Das Büchlein war rot wie die Farbe des Kommunismus. Im Ausland nannte man es die »rote Bibel«, weil es für Mao eine »heilige Schrift« zu sein schien.

## Die Kulturrevolution

Als Mao Zedong vor etwa 40 Jahren Chef der Kommunistischen Partei Chinas war, machte er sich wegen seiner politischen Fehler bei vielen Parteigenossen zunehmend unbeliebt. Um seine Macht zu sichern, suchte er die massenhafte Unterstützung der Jugendlichen. Mao hetzte zahllose junge Chinesen auf, und sie folgten ihrem Führer fast blind, als er 1966 die »Große Proletarische Kulturrevolution« ausrief. So nannte er den Kampf gegen alle angeblich rückschrittlich denkenden Menschen in China. Er meinte damit alle, die noch die alte Kultur und Religion verehrten und nach alten Bräuchen lebten.

## Die Roten Garden

Überall im Land schlossen sich damals Horden von fanatischen Schülern und Studenten im Namen Maos zu »Roten Garden« zusammen. Die meisten waren unter 20 Jahre alt. Mit der »Mao-Bibel« unter dem Arm und die rote China-Fahne schwenkend, zogen sie durchs Land. Sie zertrümmerten buddhistische Tempel und verbrannten Berge von Büchern, in denen es nicht um die »Revolution« ging. Sie bespuckten und beschimpften Erwachsene auf offener Straße als »Verräter und Feinde des großen Mao«. Sie verwüsteten Schulen, Universitäten und Betriebe und verhafteten Lehrer, Wissenschaftler und Schriftsteller. Nicht einmal vor den eigenen Eltern machten sie halt.

Von 1966 bis 1976 dauerte diese chaotische Zeit der »Kulturrevolution«. Für Millionen von Kindern und Jugendlichen eine verlorene Zeit, denn sie konnten zehn Jahre lang nicht lernen oder in die Schule gehen. Viele leiden heute noch darunter, deshalb nennt man sie auch Chinas »verlorene Generation«.

**xué xí** = lernen

## Das Mao-Mausoleum

Ein Mausoleum ist ein sehr großes Grab für bedeutende Leute, manchmal in Gestalt eines auffälligen Gebäudes. In so einem Grab mitten auf dem Platz des Himmlischen Friedens in Peking liegt Mao Zedong.

Nach Maos Tod 1976 haben seine Nachfolger den Leichnam einbalsamieren lassen, das heißt haltbar gemacht. Seitdem liegt Mao in einem gläsernen Sarg, bis zum Hals mit der roten Fahne Chinas zugedeckt, und sieht aus wie eine Wachsfigur. Wenn man das Mausoleum besichtigen will, muss man erst mal ewig Schlange stehen, weil so viele Menschen hineinwollen. Im Vorraum der über 30 Meter hohen Halle sieht man zu einer riesigen Mao-Statue auf. Dann kommt man in den Hauptraum, wo die Besucher in mehreren Metern Entfernung am Sarg vorbeigehen. Dabei darf man nicht stehen bleiben, nicht sprechen und schon gar nicht fotografieren. Handtaschen müssen draußen zur Aufbewahrung gegeben werden.

Draußen kann man fertige Blumensträuße kaufen, die drinnen nur an bestimmten Stellen abgelegt werden dürfen. Manchmal sammeln geschäftstüchtige Händler die Blumen wieder ein und verkaufen sie einfach an neue Kunden.

Jedes Jahr rund um Maos Geburtstag am 26. Dezember wird sein Leichnam mit dem Fahrstuhl in die Räume unter dem Mausoleum gebracht und für ein weiteres Jahr frisch gemacht.

## Umwelt in Not

In den vergangenen 20 Jahren ist die Wirtschaft in China in rasendem Tempo gewachsen. China produziert eine Unmenge an Waren für das In- und Ausland. Neue Fabriken schießen wie Pilze aus dem Boden. Sie verbrauchen immer mehr Energie und vergiften den Boden, die Luft und das Wasser. Etliche der 20 am meisten verschmutzten Städte der Welt liegen inzwischen in China.

Über den Städten stehen oft dicke Rauchschwaden, denn die Luft ist mit Auto- und Industrieabgasen stark verschmutzt. Vor lauter Smog sieht man in vielen Städten mitunter wochenlang die Sonne nicht. Das liegt daran, dass China vor allem mit der Verbrennung von Kohle Energie gewinnt. Dabei entstehen Ruß und Schwefel, und das verpestet die Luft. Außerdem führt das zu saurem Regen, der die Böden zerstört und Teile der Ernte vernichtet. Die Politiker versuchen jetzt, das Problem mit strengeren Gesetzen und neuen Techniken zu lösen. In Zukunft wird es in China mehr Sonnen- und Windenergieanlagen geben, aber auch mehr Atomkraftwerke.

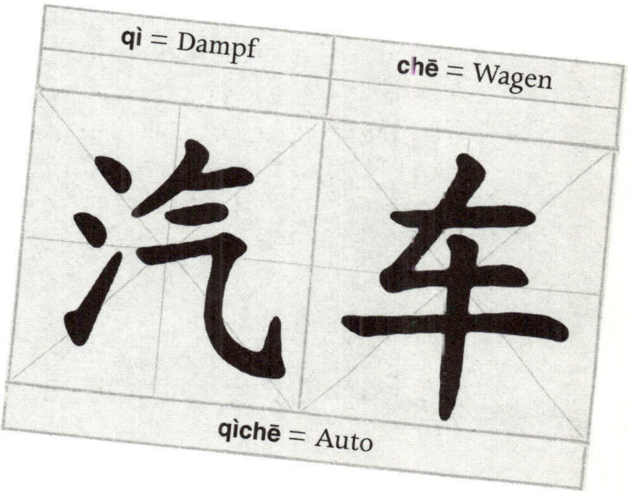

## Thermoskannen

Viele Flüsse und Seen in China sind heute mit Krankheitserregern, Schwermetallen und Industrieabwässern regelrecht verseucht. Mehr als die Hälfte der Chinesen trinkt Wasser, das der Gesundheit schadet. Deshalb sollte man in China Leitungswasser grundsätzlich kochen, bevor man es trinkt. Überall bekommt man abgekochtes Wasser in großen Thermoskannen, auch im Zug. Man braucht nur eine Tasse und einen Teebeutel oder Pulverkaffee mitzunehmen – das heiße Wasser gibt's umsonst.

## Wie Sand am Meer

Jedes Frühjahr sucht der »Gelbe Drache« die Hauptstadt Peking heim. So nennt man die berüchtigten Sandstürme aus der Wüste Gobi. Wenn sie mit ungefähr 100 Stundenkilometern über die Stadt fegen, färbt sich der Himmel dunkelgelb. Der feine Staub kriecht in die kleinste Ritze und liegt zentimeterdick auf den Autos. Die Menschen vermummen sich mit Mund- und Nasenschutz oder verbarrikadieren sich in ihren Häusern. Die Pekinger witzeln gern: Das Beachvolleyball-Turnier der Olympischen Spiele könne man glatt mitten in Peking auf dem Platz des Himmlischen Friedens austragen. Weil die Stürme bis dahin genug Sand herangeschafft haben werden …

## Die Wüste wandert

Ein großes Umweltproblem sind die Wüsten im Norden Chinas. Sie breiten sich immer weiter aus, es gibt inzwischen viel zu wenig Wasser. Was kann man dagegen tun? Die chinesische Regierung lässt zum Beispiel große öde Flächen mit neuen Bäumen bepflanzen, damit es den sandigen Boden nicht so leicht wegweht. So auch in einem Dorf in der Provinz Ningxia, wo inzwischen 2 000 Menschen leben. Sie pflanzten Tausende von Bäumen mit Geld vom deutschen Staat. Deshalb heißt die neue Siedlung auch »Deutscher Wald« (**délín**). Nur: Wo bekommen sie Wasser zum Gießen der Bäume her? Etwa 20 Prozent Chinas sind inzwischen von Wüsten bedeckt. Und die Wüste wächst weiter.

## Die chinesischen Feuersteins

Könnt ihr euch vorstellen, in einer Erdhöhle zu wohnen, so wie die Menschen in der Steinzeit? In Zentralchina – in der sogenannten Lössebene – gibt es so etwas noch. Auf einer Fläche, die eineinhalb Mal so groß ist wie Deutschland, leben schätzungsweise 100 Millionen Menschen in Erdhöhlen. Das sind mehr als Deutschland Einwohner hat. Die Lösserde wurde einst als feiner Staub in die Ebene geweht und im Lauf der Zeit zu festen Erdschichten zusammengepresst. Die Höhlenwohnungen haben Menschen tief in meterhohe Lössschichten hinein gegraben. Viele sind an der Vorderseite mit Ziegeln oder Beton verkleidet und haben sogar Fenster und Türen. Solche Wohnungen sind bequemer als man denkt: Im Sommer sind sie angenehm kühl, und im Winter speichern sie die Wärme besser als ein frei stehendes Haus aus Holz oder Ziegeln. Viele Höhlenwohnungen haben heute Stromanschluss und einen Fernseher. Chinesische Touristen und Ausländer fahren weite Strecken, nur um zu sehen, wie die chinesischen »Feuersteins« wohnen.

**shŭi** = Wasser

## Der lange Fluss

Der Yangzi-Fluss wird chinesisch auch **chángjiāng** genannt, »Langer Fluss«. Tatsächlich ist er mit rund 6 000 Kilometern der längste Fluss Chinas und einer der längsten der Welt. Er schlängelt sich vom tibetischen Hochland im Westen quer durch den Süden Chinas und mündet bei Shanghai in den Pazifischen Ozean. Ungefähr auf der Hälfte dieser Strecke fließt er durch drei wunderschöne Schluchten. Die aufragenden Steilwände dort, die kleinen Orte und Tempel regen seit Jahrhunderten Künstler zum Malen und Dichten an. Eine Schiffsreise durch die »Drei Schluchten« gehört bei vielen Chinareisen zu den Höhepunkten.

## Der Drei-Schluchten-Staudamm

Mit seinem Bau erfüllte sich die chinesische Regierung einen uralten Traum. Erste Überlegungen dazu gab es schon in den 1930er Jahren. Endgültig beschlossen wurde das Projekt 1992, komplett fertiggestellt soll der Staudamm 2009 sein. Dann wird der Yangzi zu einem gigantischen See aufgestaut – fast doppelt so groß wie der Bodensee. Eine zwei Kilometer lange und 185 Meter hohe Staumauer hält die Wassermassen zurück. Zum Vergleich: Der Berliner Funkturm ist gerade einmal 150 Meter hoch. Wenn das Wasser durch die Öffnungen der Mauer in den viel tieferen Fluss rauscht, erzeugen Generatoren Strom, und zwar so viel wie rund 16 mittelgroße Atomkraftwerke. Und China braucht jede Menge Strom – für die vielen Menschen und für die rasant wachsende Industrie.

## Schule

In China gibt es neun Jahre Schulpflicht. Die Kinder sind den ganzen Tag in der Schule, bis fünf Uhr nachmittags, gegessen wird mittags in der Kantine. Manchmal sind 40 bis 50 Kinder in einer Klasse. Im Unterricht gibt es kaum Arbeitsgruppen, Schülerreferate oder mündliche Beteiligung von einzelnen Schülern. Meistens reden die Lehrer, und die Schüler hören zu. Sie wiederholen manchmal Sätze im Chor, schreiben mit und lesen den Stoff zu Hause in Büchern nach. Prüfungen bestehen oft darin, ganze Texte zu einem Thema auswendig zu lernen und wörtlich niederzuschreiben.

Statt Noten von 1 bis 6 gibt es ein Punktesystem. Für jede richtige Antwort bekommt man einen Punkt, 100 Punkte sind das beste Ergebnis, 90 sind gut, 80 mittelmäßig und 70 schon ziemlich schlecht.

## Blaue Ameisen

Vor etwa vierzig, fünfzig Jahren war im Westen oft von Chinas »blauen Ameisen« die Rede. So nannte man das Heer der chinesischen Arbeiter und Bauern unter der Regierung von Mao Zedong. Sie trugen die von Mao verordnete Einheitskleidung: einfache »Mao-Anzüge« mit gerade geschnittenen Hosen und hoch geknöpften Jacken aus blauer Baumwolle. Dazu eine Schirmmütze mit rotem Mao-Stern vorne drauf. So huldigte man dem »Großen Steuermann Mao«. Denn der wollte, dass alle Menschen gleich sind, also mussten sie auch gleich aussehen. Heute tragen nur noch wenige ältere Menschen diesen »Mao-Look« und selten auch mal Jüngere – aber nur als Modegag.

## Hip sein ist alles

Junge Chinesen in den Städten sind heute ähnlich gestylt wie ihre Altersgenossen in Europa. Ob Designer-Jeans, Spaghettitop und Badelatschen oder Kapuzenshirt, Baseballkappe und Marken-Turnschuhe – das alles gilt auch in China als »hip«. Selbst die Haarmode kennt keine Grenzen mehr: Aus glatt wird lockig, wellig, gestuft oder toupiert; aus schwarz wird braun oder blond, manchmal auch pink oder grün.

## Kätzchen und Mäuschen

Schon seit Jahren finden Manga-Comics aus Japan bei Chinas Jugend reißenden Absatz. Auch Spielsachen und Modeartikel aus Korea und Japan liegen voll im Trend. Der Stil der Mädchen ist sehr verspielt. Hauptsache, alles sieht süß und niedlich aus: Der Renner sind zum Beispiel »Micky-Maus«- und »Hello-Kitty«-Produkte. Es gibt unzählige Artikel mit dem Mäuseohren-Design oder dem süßen weißen Kätzchengesicht mit der roten Haarschleife drauf: Schuhe, Kleider, Taschen, Uhren, Handys, Schmuck, Besteck und sogar Toaster oder CD-Player!

## Kinderspiele

Sicher gibt es auch in China noch traditionelle Kinderspiele, die unseren oft ähnlich sind. Fingerspiele wie »Schere, Stein, Papier« zum Beispiel, oder Nachlaufen, Kästchenhüpfen, Gummitwist und Murmelspiele. Typisch chinesisch, aber auch bei uns bekannt, ist »Diabolo« (chin. **kōngzhú** = »Bambus in der Luft«): ein Holzkegel aus Bambus, den der Spieler geschickt auf einem Seil hin- und herbalanciert.

## Netzspiele

Wirklich populär sind heute aber eher Computerspiele und das Surfen im Internet. Zwar hat längst nicht jedes Kind einen eigenen PC, aber ab 18 Jahren darf man öffentliche »Netzbars« besuchen – so heißen Internetcafés auf Chinesisch. Dort trifft sich die Jugend in der Freizeit und spielt Internetspiele oder chattet mit Gleichgesinnten. Manche Seiten im World Wide Web sind allerdings staatlich verboten. Wer nicht in Netzbars gehen darf, hört in der Freizeit Musik oder trifft sich mit Freunden, geht gemeinsam Essen, Shoppen oder hängt im Park ab. Die Älteren besuchen auch Musikkneipen, Karaoke-Bars, Diskotheken oder die Cafés westlicher Ketten. Ein Kaffee kostet dort allerdings ein halbes Vermögen, und das können sich Schüler normalerweise nicht leisten. Rauchen darf man in China offiziell erst ab 18 Jahren, aber daran halten sich nicht alle. Alkohol trinken oder die Nächte durchfeiern – das ist für Jugendliche, die noch zu Hause wohnen, eher ungewöhnlich.

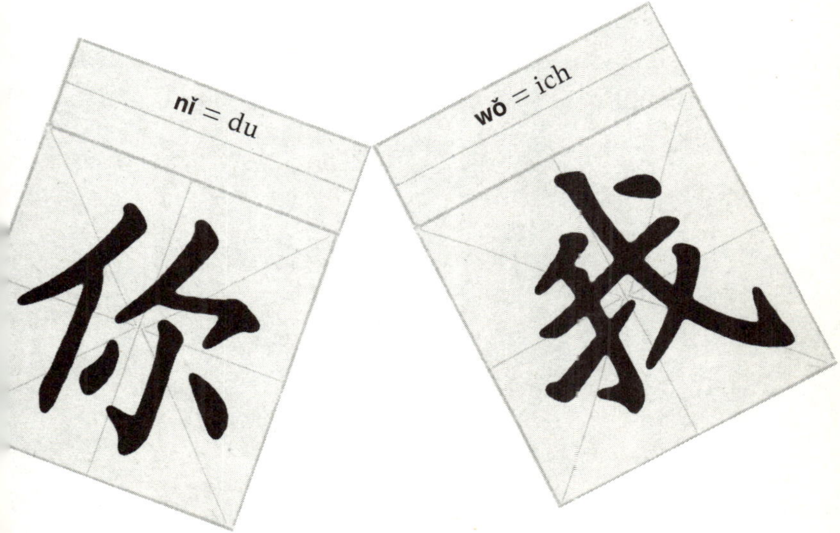

## Handymanie

Ein Mobiltelefon haben in Chinas Städten fast alle jungen Leute. Die Handys sind ständig in Bereitschaft – auch beim Essen und, wenn die Lehrer mal nicht so streng sind, sogar während des Unterrichts. Sie sind das wichtigste Kommunikationsmittel. So wichtig, dass man oft erst nach seiner Handynummer gefragt wird und dann nach seinem Namen.

## Popstars und Seifenopern

Die wirklich angesagten Stars in der chinesischen Popmusikbranche heißen nicht Britney Spears, Eminem oder Shakira, sondern Zhou Jielun, Joey Yung oder Jade. Alles Namen, die euch wahrscheinlich nichts sagen, denn sie sind in Europa nicht bekannt. Klar kennt man in China auch Stars aus dem Westen. Aber auf den oberen Plätzen der Charts landet nur, wer auf Chinesisch singt: Künstler aus der Volksrepublik, aus Hongkong oder aus Taiwan. Rock, Rap oder Hiphop sind lange nicht so beliebt wie die schnulzigen Chinapop-Balladen mit Herzschmerz-Garantie. Die Quotenhits im Fernsehen sind billig produzierte Seifenopern und regionale oder landesweite Musikvideokanäle.

## DSDS auf Chinesisch

Viele Jugendliche träumen davon, selbst ein Popstar zu werden. Die China-Version von »Deutschland sucht den Superstar« heißt »Supergirls« oder »Superboys«. Bis die Siegerin oder der Sieger einer neuen Staffel gekürt ist, dauert es manchmal ein halbes Jahr. So lange steht Chinas Jugend Kopf und wählt wöchentlich ihre Favoriten per SMS. Solche Fernsehshows werden regelmäßig von mehr als 100 Millionen jungen Zuschauern eingeschaltet.

Klassische Musik aus dem »Westen« – also Mozart, Beethoven, Bach und Co. – ist in China sehr bekannt und beliebt. Viele Kinder aus »besseren« Familien lernen Klavier oder Geige, denn das gilt als modern und gebildet. Inzwischen sind aber auch traditionelle chinesische Instrumente wieder populär. Wer es sich leisten kann, nimmt Unterricht in Guzheng (=21-saitige Zither), Pipa (viersaitige Laute), Erhu (= zweisaitige Kniegeige) oder Dizi (Bambusflöte). Mit der Bambusflöte gewann der Musiker Lu Chunling im Jahr 1989 übrigens die erste »Goldene Schallplatte« der chinesischen Plattenindustrie. Der 1921 geborene Flötist gab auch mit über 80 Jahren noch Konzerte und ist in China unter dem Beinamen »Zauberflöte« bekannt. Sein vergoldetes Album trug den Titel »Fliegende Rebhühner«.

## Rätselhafte Pekingoper

Wenn sich »Langnasen« aus dem Westen in einem chinesischen Theater die Ohren zuhalten, könnte es sich um die Aufführung einer traditionellen Peking-Oper handeln. Denn da singen die Darsteller stundenlang mit unglaublich hohen, schrillen Stimmen. Dazu kommt lautes Schlagen von Zimbeln, Gongs und Trommeln, und das ist unser Hörorgan einfach nicht gewohnt. Viel Aktion oder Bewegung gibt es auf der Bühne meistens nicht, aber die gelegentlichen Akrobatik- oder Kampfkunst-Einlagen sind beeindruckend.

In Pekingopern wird der Stoff alter Volksmärchen, Legenden und Heldensagen verarbeitet. Die sind bei den Zuschauern so bekannt wie bei uns *Grimms Märchen*. Die Hauptfiguren der Geschichten sind Kaiser und Könige, edle Minister, ritterliche Krieger, schöne Frauen und Töchter reicher Familien, aber auch Clowns, Götter und Geister. Es geht häufig um die Ehrfurcht vor den Eltern, die Treue zum Vaterland und natürlich auch um Freundschaft und Liebe. Einige Titel bekannter Pekingopern klingen sehr poetisch: *Der Traum der Roten Kammer* oder *Geheime Schwüre an der Elsternbrücke* oder *Blumenstreuende Diva*.

## Kostüme und Masken

Sehr prächtig sind die Kostüme in der Pekingoper: lange, weite Gewänder, meist aus Seide. Manchmal tragen die Schauspieler auch künstliche Bärte, Masken oder fantasievolle Hüte. Ihre Gesichter sind meist grell geschminkt – je nach Farbe erkennt der Zuschauer gleich, welcher Charakter hier dargestellt wird: Wer rot im Gesicht ist, ist ein treuer, aufrechter und tapferer Mensch, die Schwarzen sind die Ernsten und Gerechten, Blau kennzeichnet Wildheit und Entschlossenheit, Gelb Klugheit und Tapferkeit. Ein weiß Geschminkter ist ein grausamer, listiger Charakter, ein grüner ist bösartig, wie zum Beispiel der Teufel. Orange und Grau sind für alte Leute reserviert, und Gold oder Silber tragen Götter und Zauberer.

## Nur für Männer

Neuerdings können vereinzelt auch Frauen Pekingoper lernen – weil es zu wenig Nachwuchs gibt. Ursprünglich spielten Männer auch die Frauenrollen, weil Frauen in der Pekingoper verboten waren. Unter den ausladenden Kostümen und der dicken Schminke erkennt man den Unterschied sowieso nicht – und an den hohen, schrillen Stimmen noch weniger.

Wer heute ein gefeierter Star der Pekingoper werden will, muss jahrelanges, hartes Training in vielen Künsten auf sich nehmen: in Gesang, Schauspiel, Tanz, Pantomime, Akrobatik und Kampfsport.

## Kämpfende Mönche

Viele Kampfsport-Fans wünschen sich, einmal den Ort zu besuchen, der als »Pilgerstätte des Gongfu« (auch: Kungfu) gilt: das buddhistische Kloster Shaolin in der chinesischen Provinz Henan. Die Mönche dort üben sich heute noch in der traditionellen Kampfkunst. Im Shaolin-Kloster soll der legendäre indische Mönch Bodhidharma vor etwa 1 500 Jahren die Schule des Zen-Buddhismus gegründet haben. Er war überzeugt, dass man nur durch Meditation erleuchtet werden kann. Er erfand eine Reihe von Leibesübungen für die Mönche, damit sie die oft tagelangen Sitzmeditationen besser durchhalten konnten. Die Übungen sollten Körper und Geist stärken und ahmten oft die Bewegungen von Tieren wie Affe, Drache, Tiger oder Löwe nach. In abgewandelter Form wurde das später als die waffenlose Kampfkunst der Shaolin-Mönche berühmt. Heute verwenden die Kämpfer bei Vorführungen Stöcke, Schwerter und Speere.

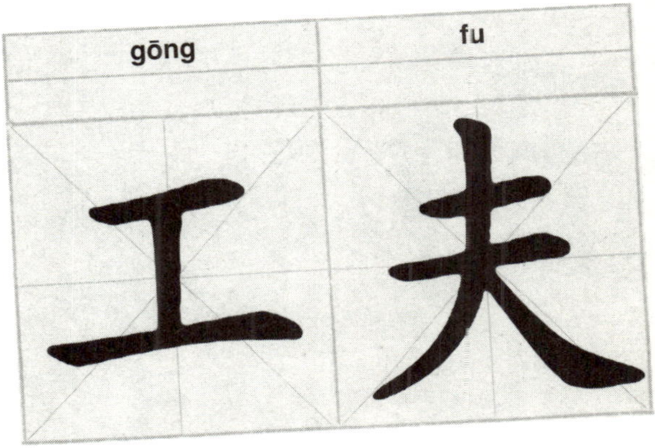

## Shaolin in der ganzen Welt

Inzwischen gibt es weltweit zahllose Gongfu-Schulen, die unterschiedliche Kampfstile lehren. Oft hat das mit dem traditionellen Gongfu aus Shaolin nicht mehr viel zu tun. Angeblich ziehen die echten Shaolin-Mönche um die Welt, um in spektakulären Bühnenshows ihre Kunst zu zeigen. Da sieht man dann kahl geschorene Männer, die mit bloßen Händen Steinplatten durchschlagen, Nadeln durch Glasscheiben schießen, auf Nagelbrettern meditieren oder über Schwertleitern gehen. Wie das funktioniert? Mit Disziplin, jahrelangem harten Training und der Beherrschung des Körpers durch den Geist.

## Schattenboxen

Das Schattenboxen (chin. **Tàijíquán** = »Faust der höchsten Stufe«) ist eine Selbstverteidigungstechnik, die viele Chinesen heute nur noch als gesundheitsfördernde Gymnastik betreiben. Schattenboxen gilt seit Jahrhunderten als Volkssport. Wer früh aufsteht, sieht in den städtischen Parks oder am Straßenrand meist Gruppen von älteren Menschen ihre Übungen machen. Die weit ausladenden Bewegungen mit Händen und Füßen wirken ruhig und fließend – wie in Zeitlupe. Manche Übungen haben fantasievolle Namen wie »Die Mähne des Wildpferdes teilen«, »Den Affen zurückstoßen«, »Den Vogel beim Schwanz fassen« oder »Der weiße Kranich breitet seine Schwingen aus«.

| **tài** = höchst | **jí** = Extrem | **quán** = Faust |
|---|---|---|
| 太 | 极 | 拳 |
| **tàijíquán** = Schattenboxen | | |

## Pingpong

Pingpong, pingpang, pingpong – das klingt wie ein Tischtennisball, der auf der Platte hin- und herspringt. Und so heißt »Tischtennis« auf Chinesisch **pīngpāngqiú**, »Pingpong-Ball«. Von der Aussprache her könnte das Wort »Pingpong« aus dem Chinesischen kommen. Ausgedacht hat es sich aber ein Engländer.

Ursprünglich wurde das Spiel wohl Ende des 19. Jahrhunderts in Indien erfunden und ist dann wahrscheinlich über England nach China und Europa gelangt. Anfangs spielte man mit Korkbällen über Esstische. Eine Schnur diente als Netz, Bücher oder Bratpfannen als Schläger. Anfang des 20. Jahrhunderts hat man dann den Schläger mit Gummibelag und Noppen entwickelt. Damals erst haben die Chinesen Tischtennis kennengelernt. Sie erfanden eine eigene Schlägerhaltung – den »Penholder«: Man hält den Schläger wie einen Füller am Griff und spielt ihn nur mit einer Seite.

Seit mehr als 40 Jahren gehören die Chinesen regelmäßig zu den besten Tischtennisspielern der Welt. Bei uns kennt man auch »Chinesisch« spielen oder »Rundlauf«: Hier spielen mehr als zwei Teilnehmer miteinander, indem sie ständig um die Platte herumlaufen. Der bisher größte Rundlauf fand übrigens 2006 in Bremen statt: An 47 Tischen spielten 359 Spieler genau 62 Minuten und fünf Sekunden lang.

## Ein Riese für China

Im Tischtennis haben die Chinesen schon oft gewonnen. Auch im Turnen, Badminton und Turmspringen brachten sie bereits unzählige Goldmedaillen nach Hause. Doch heute gilt die Leidenschaft der jungen Fans vor allem dem Fußball und dem Basketball. Wer als Junge nicht Basketball spielen kann, ist nicht »cool«.

Mit ausgelöst hat diesen Boom der chinesische Basketballer Yao Ming. Seitdem der 2,29 Meter große Hüne in der nordamerikanischen Profiliga NBA spielt, ist er bei den Kids im Reich der Mitte der Superstar. Und in den USA ist er der berühmteste Chinese seit dem Staatsmann Mao Zedong. Auch weil er mit seinem Sport viel Geld verdient, gilt er in China als Symbolfigur. Mutig war er, als er sagte, seine Landsleute müssten sich als Gastgeber der Olympischen Spiele 2008 einiges abgewöhnen, um keinen schlechten Eindruck zu hinterlassen: zum Beispiel Vordrängeln am Schalter, Auf-den-Boden-Spucken, laute Gespräche im Restaurant oder das Ausziehen von Socken und Schuhen in der Öffentlichkeit.

Fußball lernten die Chinesen spätestens am 7. Oktober 2001 lieben. An jenem Tag qualifizierte sich die Volksrepublik China für die Fußball-Weltmeisterschaft 2002. Und das zum ersten Mal überhaupt! 500 Millionen Menschen haben das entscheidende Match im Fernsehen gesehen. Mit dem 1:0 gegen Oman waren die Chinesen dabei. Seitdem ist die Nation im Fußballfieber.

Bei der WM 2002 in Japan und Südkorea schoss die Mannschaft allerdings kein einziges Tor und flog nach der Vorrunde aus dem Turnier. Chinas Angstgegner ist übrigens Südkorea – seit einer vernichtenden Niederlage gegen dessen Nationalteam. In einem Pekinger Restaurant kann man sogar ein Gericht bestellen, das »Die Tränen von Seoul« heißt (Seoul ist die Hauptstadt von Südkorea). Das sind Entenfüße in scharfem Senf. Bei diesem Gericht fangen nicht nur Fußballfans zu heulen an.

**fú** = Glück

## Tanzendes Peking

Im August 2008 finden die Olympischen Spiele zum ersten Mal in der Volksrepublik China statt. Austragungsort ist die Hauptstadt Peking. Die Eröffnungsfeier beginnt am Abend des 08. 08. 08 um genau acht Uhr und acht Minuten. Die Zahl 8 ist schließlich eine chinesische Glückszahl! Das Motto der Sommerspiele lautet »Eine Welt, ein Traum«, und ihr Logo heißt »Tanzendes Peking«. Weiß auf rotem Grund ahmt es das chinesische Schriftzeichen »jing« für »Hauptstadt« nach. Es sieht aus wie ein Tänzer mit weit geöffneten Armen und soll signalisieren, dass Peking die Sportler der Welt willkommen heißt.

## Olympischer Aufwand

Alle Gastgeberländer wünschen sich immer die schönsten und besten Spiele, die es je gegeben hat. So auch China: Der olympische Fackellauf dauert 130 Tage und ist der längste in der olympischen Geschichte. 137 000 Kilometer weit wird die Fackel von Peking durch fast alle Kontinente und wieder zurück getragen. Schon seit Jahren werden neue Straßen, U-Bahnen, Stadien und Freizeiteinrichtungen gebaut. Dafür mussten Tausende von Pekinger Familien ihre Häuser verlassen. Die Polizeibeamten werden zu aufmerksamerer Arbeit und besserem Benehmen erzogen und die Taxifahrer mit Englischkursen auf die ausländischen Gäste vorbereitet. Auch will man »nicht erwünschte Personen« möglichst von den Sportstätten fernhalten: Arme, geistig Behinderte und kritische Bürger, die während der Spiele gegen die Regierung protestieren könnten.

## Wie funktioniert traditionelle chinesische Medizin?

Der legendäre Gelbe Kaiser soll vor etwa 2500 Jahren gelebt haben. Er lehrte, dass im menschlichen Körper Energie fließt, die wir zum Leben brauchen. Diese Energie nannte er »Qi« (sprich: »tschi«). Die unsichtbaren Kanäle, in denen sie fließt, werden von den Europäern mit dem Meridiansystem der Erde verglichen und »Meridiane« genannt. Wenn die Energie langsamer oder gar nicht mehr fließt, bedeutet das, dass die Lebensvorgänge gestört sind, und der Mensch wird krank.

## Wenn der Arzt kommt

Was macht ein chinesischer Arzt anders als ein westlicher? Er untersucht nicht nur die Stelle, die dem Kranken wehtut, sondern er schaut den ganzen Menschen an. Das heißt, er achtet auf Gesichts- und Hautfarbe, untersucht Augen, Nase, Ohren, Mund, Zunge und Zähne, aber auch Körper- und Atemgeräusche, Mundgeruch, Stuhlgang und Puls. Den chinesischen Arzt interessiert nicht, wie oft der Puls schlägt, sondern *wie* er schlägt: glatt, holprig, schlüpfrig oder hart. So findet der Arzt heraus, an welcher Stelle der Energiefluss stockt, und versucht ihn wieder zum Fließen zu bringen.

## Gesunde Nadelstiche

Manchmal helfen dünne, lange Nadeln, die man an bestimmten Punkten der Meridiane in die Haut sticht, um den Stau aufzulösen: Das nennt man Akupunktur. Den richtigen Punkt trifft der Arzt aus Erfahrung, denn er kann ihn ja nicht sehen. Aber meistens spürt der Kranke, dass es an der Einstichstelle plötzlich kribbelt und krabbelt – oder auch ganz woanders. In diesem Augenblick spürt man das Qi, sagen die Chinesen.

## Bittere Kräuter

Eine andere Heilmethode der traditionellen chinesischen Medizin ist das Trinken von Kräutermedizin. Dazu kocht man die Kräuter stundenlang und trinkt dann den entsetzlich bitteren Sud. Je nach Krankheit können auch getrocknete Würmer oder Spinnen darin sein. Diese Medizin muss man mindestens eine Woche lang zwei Mal am Tag trinken.

## Bewegliche Sachen

Das chinesische Wort für »Tier« heißt **dòngwù**. **Dòng** bedeutet »sich bewegen«, **wù** ist die »Sache«. Tiere gelten in China also als »bewegliche Sachen«. Und oft werden sie auch genau so behandelt: Hunde zum Beispiel werden entweder geschlagen oder wie Stofftiere herumgetragen und gehätschelt.

## Der Pandabär

Das berühmteste Tier Chinas ist der Pandabär. Wahrscheinlich weil er so niedlich aussieht, wenn er dasitzt und frisst – mit seinem weißen Kopf, den schwarzen Öhrchen und den großen schwarzen Ringen um die Augen. Der »Große Panda« wird bis zu 1,80 Meter lang. Pandabären leben hoch oben im kalten Gebirge in der Mitte Chinas. Ihr schwarzweißes Fell ist besonders dick, um sie vor Kälte zu schützen. Sie fressen den ganzen Tag – am liebsten Bambusschösslinge. Pandabären können zwar nur schlecht hören und sehen, dafür aber gut riechen.

Weltweit gibt es nur noch ungefähr 1 500 frei lebende Pandabären, dazu knapp 200 in Zoos und Tierparks. Das liegt unter anderem daran, dass eine Pandabärin nur einmal im Jahr Junge bekommt, und dann auch nur ein bis zwei. Wegen der vielen natürlichen Feinde, und weil Menschen immer wieder Pandas töten, um an das Fell zu kommen, werden nicht alle Jungtiere erwachsen. Damit Pandabären nicht aussterben, stehen sie unter Artenschutz. Das heißt, sie dürfen nicht gejagt werden.

## Tibet-Antilopen und Schneeleoparden

China ist so groß, dass es von der Wüste bis zum Tropenwald ziemlich alle Klimazonen gibt. Darum leben in China auch besonders viele verschiedene Tierarten. Es gibt Tiger, Affen, Elefanten und die inzwischen selten gewordene Tibet-Antilope. Außerdem leben unzählige seltene Wasservögel und Fische in China und seinen Gewässern. Viele dieser Tierarten hat die chinesische Regierung unter besonderen Schutz gestellt, so auch den chinesischen Flussdelfin.

Manche Tiere werden wegen ihres wertvollen Fells gejagt, oder weil die chinesische Medizin bestimmten Körperteilen heilende Wirkung zuschreibt, dem Horn der Tibet-Antilope zum Beispiel. Pelze und Zutaten für chinesische Medizin kann man sehr teuer verkaufen.

Besonders gefährdet ist auch der Schneeleopard mit seinem wunderschönen grau gefleckten Fell, der im Hochgebirge in Chinas Nordwesten lebt.

| **dòng** = sich bewegen | **wù** = Sache |
| --- | --- |
| | |
| 动 | 物 |
| **dòngwù** = Tier | |

## Bambus – ein Multitalent

Das leichte, flexible und so gut wie unzerbrechliche Rohr der Bambuspflanze wird in China vielseitig verwendet. Zum Beispiel für Baugerüste, die manchmal Dutzende Stockwerke hoch sind. Dafür werden die Rohre einfach kreuzweise mit Stricken verbunden. Die Bauarbeiter laufen auf so einem Gerüst genauso sicher herum wie auf einem aus Stahlrohren gebauten. Umso überraschender, dass Bambus zur Gattung der Gräser gehört. Die kleinen Bambusarten haben knotige grüne Halme und schmale, längliche Blätter. Die Halme sind innen hohl wie Schnittlauch, deshalb spricht man auch vom Bambusrohr. Der Riesenbambus wird hoch wie ein Kirchturm, sein Stamm ist dick wie ein Männer-Oberschenkel. Manche Pflanzen werden bis zu 120 Jahre alt und die meisten Bambusarten blühen nur einmal in ihrem Leben. Nach der Blüte sterben sie fast komplett ab, aus der Wurzel wächst dann ein neuer hellgelber Schössling. Junge Bambussprossen gelten in China als Leckerbissen und fehlen auf keiner Speisekarte.

## Drahtesel

Wir denken vielleicht, das Fahrrad müsste aus China stammen, weil China als Land der Radfahrer berühmt geworden ist. Aber denkste! Das Fahrrad ist eine Erfindung der Europäer. Chinesische Studenten und Geschäftsleute brachten Fahrräder aus dem Ausland mit. Das erste soll um 1880 nach China gekommen sein. Fahrräder waren damals etwas ganz Besonderes und reiner Luxus für die Reichen! Erst vor ungefähr 70 Jahren begann man sie als Verkehrsmittel und zum Transport von Lasten zu nutzen. Bis heute werden darauf Touristen, Wasserkanister, Strohballen oder ganze Wohnungseinrichtungen transportiert. Doch kein Chinese würde auf die Idee kommen, sich in seiner Freizeit aufs Fahrrad zu schwingen und schwitzend und keuchend durch die Gegend zu strampeln. Das Fahrrad ist nach wie vor kein Sportartikel.

## Blechkarossen

Noch vor zwanzig Jahren gab es fast nur Fahrräder auf Chinas Straßen. Der Radweg war mindestens so breit wie eine Autospur und mit einem Gitter von der Fahrbahn getrennt. Diese Zeiten sind vorbei. Die Fahrradspuren wurden zu Autospuren gemacht, und Radfahrer müssen sich wie bei uns neben und zwischen den Autos durchquetschen.

In Deutschland besitzt mehr als jeder zweite Einwohner ein Auto. Wenn das in China auch so wäre, ergäbe das mindestens eine Autoschlange bis zum Mond und zurück.

## Kostbare Pferde

Früher gab es in China nur Lastkraftwagen und Staatskarossen. Die LKW hießen meist »Befreiung« – damit war die Befreiung Chinas von 12 Jahren Bürgerkrieg im Jahr 1949 gemeint. Die Staatskarossen waren meistens von der Marke »Rote Fahne«. Das sollte an die rote Fahne der Kommunisten erinnern, die den Staat befreit hatten.

Inzwischen gibt es sehr viele Privatautos, darunter auch viele deutsche Marken. Ihr chinesischer Name klingt ähnlich wie der deutsche und verheißt dem Produkt eine große Zukunft:

Benz **bēnchí** = schnell laufen
BMW **bǎomǎ** = kostbares Pferd
Citroën **fùkàng** = Reichtum und Gesundheit
Volkswagen **dàzhòng**: große Menschenmenge (= Volk)

## IKEA & Co. auf Chinesisch

Ericsson **ailixin**
**aì** = Liebe, **lì** = fest stehen, **xìn** = Vertrauen
Obi **oubeide**
**ōu** = Europa, **beì** = verdoppeln
**dé** = Tugend, Deutschland
Siemens **ximenzi**
**xī** = Westen, **mén** = Tor, **zǐ** = Sohn
IKEA **yijiajiaju**
**yí** = passend, **jīa** = Familie, **jīaju** = Möbel
Coca-Cola **kekoukele**
**kěkoǔ** = schmeckt lecker, **kělè** = macht froh.

## Pinkelpalast

In Chongqing, einer Riesenstadt in Südchina, wurde 2007 die angeblich größte öffentliche Toilette der Welt eröffnet. Der Pinkelpalast ist so groß wie ein Parkhaus und sieht aus wie eine Mischung aus ägyptischem Tempel und Schloss Neuschwanstein. Er hat vier Stockwerke und insgesamt 1 000 Toiletten. So kann sich jeder sein Lieblingsklo aussuchen: entweder unter freiem Himmel oder stark parfümiert – damit es nicht so übel riecht. Hier gibt es sogar Toiletten mit Popmusik oder Fernseher. Ein Beamter der örtlichen Toilettenbehörde soll zur Eröffnung gesagt haben: »Jeder, der bei uns auf der Toilette war, wird sehr, sehr glücklich sein.«

## China im Internet

**Allgemein**

*www.chinaseite.de*

*www.china-link.de*

**Chinesisch lernen online**

*german.cri.cn/chinesischkurs/*

Aussprache

*www.chinesisch-keinproblem.de/pinyin_table.php*

Wörterbücher

*www.chinaboard.de/chinesisch_deutsch.php*

*dehanci.vitadata.net/abfrage.php*

## China in Büchern

**Sprachlehrbücher**

Antje Benedix, *Dong bu dong?*, Stuttgart 2008. Schülerbuch 1 und 2, mit Audio-CD.

Elinor Greenwood, *Chinesisch Superleicht! Für Anfänger*, München 2007.

Edith W. Lewald, *Nicht überall schreibt man mit ABC. Die Bedeutung chinesischer und japanischer Schriftzeichen*, München 2004. Erklärt die Herkunft chinesischer Zeichen, mit vielen Bildern, Grafiken und Schriftzeichenvorlagen für Designs und Tattoos, aber ohne Pinyin-Umschrift.

Sandra Liedtke-Aherrahrou, *Chinesisch lernen Schritt für Schritt* (2 Bde. inkl. CD), Buske 2007. Sprachlehrbuch für Kinder und Jugendliche.

Liu Fuhua u. a., *Chinesisches Paradies. Viel Spaß beim Chinesischlernen*, Beijing Language and Culture University Press, 2006.

Reich bebildertes Sprachlehrwerk mit Arbeitsbüchern und CDs für Kinder.

Catherine Louis, *Lius Reise*, Gossau, Zürich 2006. Poetisch illustriertes Buch über Entstehung und Bedeutung chinesischer Schriftzeichen.

Paolo Padoan u. Dorothee Dauber, *Sino-Sudoku. Chinesische Schriftzeichen spielend lernen*, Stuttgart 2007. 18 Sudokus mit chinesischen Schriftzeichen, die einen Wortschatz von über 100 Begriffen ergeben.

**Erzählende Bücher und Sachbücher**

Malcolm J. Bosse, *Die Prüfung oder die abenteuerliche Reise von Chen und Hong*, München 1997. Jugendroman über zwei Brüder im alten China.

Walter Flemmer, *Das alte China* (*Was ist was* Bd. 109), Nürnberg 2005.

Sally Grindley: *Das Mädchen Lu Si-yan*, Berlin 2006. Geschichte eines 11-jährigen Mädchens im heutigen China.

Eleanor Frances Lattimore, *Der kleine Shang*, Stuttgart 1999. Illustrierte Geschichte über einen 6-jährigen chinesischen Jungen, die in der Vergangenheit spielt.

Lensey Namioka, *Ailins Weg*, Stuttgart 2005. Geschichte des Mädchens Ailin, das sich zu Beginn des 20. Jahrhunderts in China gegen die Tradition des Fußebindens wehrt.

Pascal Pilon u. Elisabeth Thomas, *Wir leben in China. Kinder der Welt*, München 2005. Illustriertes Sachbuch über das Alltagsleben der Chinesen.

Stewart Ross, *Abenteuer im Alten China. Eine spannende Geschichte um Freundschaft und Mut*. Starnberg 2006. Illustriertes Sachbuch.

Ange Zhang, *Rotes Land, Gelber Fluss. Eine Geschichte aus der chinesischen Kulturrevolution*, München 2007. Schildert die Zeit der Kulturrevolution in China aus der Sicht eines 13-jährigen Jungen.

---

## Danksagung

Für nützliche Hinweise und Anregungen zu diesem Buch danken wir vor allem Nina, Lucca, Eva, Xu Lei und Felix.

---

Karin Hasselblatt ist freie Lektorin in Berlin und übersetzt zeitgenössische chinesische Literatur. Sonja Wagenbrenner arbeitet als freie Journalistin und Gästeführerin in Würzburg. Beide haben in China gelebt, beherrschen die chinesische Sprache und haben zusammen den *Reise-Schmöker China* (1990) herausgegeben.

Antje von Stemm wurde 1970 geboren und arbeitet als Illustratorin und Papieringenieurin. Für ihr Buch *Frl. Pop und Mrs. Up* erhielt sie 2000 den Deutschen Jugendliteraturpreis. Sie hat neben zahlreichen Kinderbüchern auch Trickfilme für die *Sendung mit der Maus* gestaltet.

Die beiden Kalligrafien auf S. 32 und 33 stammen vom chinesischen Künstler Yu Feng, der in Wien lebt (www.mel-art.com).

## Register

se Reis im Süden Berge im Westen Wüsten im Nordwesten Chinas N
.chen der Welt? Eine Art Bildersprache Wie funktioniert die chinesi
irn Vielsagende Namen Schönschrift »Gestatten: *Li*« Zimtwald, Pe
ntlich Konfuzius? Drei Zoll Goldener Lotos Elternliebe Lebenslanges
die Chinesen alles erfunden haben Die falsch gepolte Nadel Die Ve
normaler Kinderalltag Des Kaisers viele Frauen Eunuchen Des Kais
engott Drachentanz Die pfiffige Ratte Die chinesischen Tierkreis
esische Farbenlehre Die Braut trägt rot Glückszahlen Unglückszal
- die Feinschmecker Asiens Schlangenfilet und Bärentatze: Was in
er Vielvölkerstaat China Der Staat Was ist Kommunismus? Wie es
en Wie Sand am Meer Die Wüste wandert Die chinesischen Feuers
e Popstars und Seifenopern DSDS auf Chinesisch East meets Wes
Ein Ball, ein Schuss, ein Tor! Tanzendes Peking Olympischer Aufwa
-Antilopen und Schneeleoparden Bambus – ein Multitalent Drahte
Lehm Der Sonne und die Mond Die mittleren Reiche Chinas unglaublic
en im Nordwesten Chinas Nachbarn Mauerhelden Große Mauer = L
che Wie funktioniert die chinesische Zeichenschrift? Wie findet m
ift »Gestatten: *Li*« Zimtwald, Perlfluss und Duftender Hafen Sehe
ener Lotos Elternliebe Lebenslanges Lernen Ein alter Meister Der
haben Die falsch gepolte Nadel Die Verbotene Stadt Ein Palast mi
ers viele Frauen Eunuchen Des Kaisers stumme Wächter Böse Dra
ige Ratte Die chinesischen Tierkreiszeichen und ihre Jahreszahlen
t trägt rot Glückszahlen Unglückszahl Wie Chinesen mit den Finge
ngenfilet und Bärentatze: Was in China noch so alles auf den Tisch
t Was ist Kommunismus? Wie es wirklich ist Mao Zedong Der »Groß
e wandert Die chinesischen Feuersteins Der lange Fluss Der Dre
s auf Chinesisch East meets West Rätselhafte Pekingoper Kostün
endes Peking Olympischer Aufwand Wie funktioniert traditionelle c
en Bambus – ein Multitalent Drahtesel Blechkarossen Kostbare P
Die mittleren Reiche Chinas unglaubliche Zahlen Richtiges und fals
barn Mauerhelden Große Mauer = Lange Mauer Vom Mond aus zu s
sische Zeichenschrift? Wie findet man Schriftzeichen im Wörterb
Perlfluss und Duftender Hafen Sehen alle Chinesen gleich aus? La
nslanges Lernen Ein alter Meister Der Schmetterlingstraum An we
l Die Verbotene Stadt Ein Palast mit fast 10 000 Zimmern Von H
Des Kaisers stumme Wächter Böse Drachen Gute Drachen Drach
en Tierkreiszeichen und ihre Jahreszahlen Kurze Beine, langer Sch
szahlen Unglückszahl Wie Chinesen mit den Fingern zählen Tischlei
ärentatze: Was in China noch so alles auf den Tisch kommt Iss dic
unismus? Wie es wirklich ist Mao Zedong Der »Große Steuermann«

Nachbarn Mauerhelden Große Mauer = Lange Mauer Vom Mond aus z
sische Zeichenschrift? Wie findet man Schriftzeichen im Wörterbu
erlfluss und Duftender Hafen Sehen alle Chinesen gleich aus? Langn
s Lernen Ein alter Meister Der Schmetterlingstraum An welche Re
erbotene Stadt Ein Palast mit fast 10 000 Zimmern Von Höchster
sers stumme Wächter Böse Drachen Gute Drachen Drachenkinder
szeichen und ihre Jahreszahlen Kurze Beine, langer Schwanz Der ro
ahl Wie Chinesen mit den Fingern zählen Tischlein deck dich Essen C
n China noch so alles auf den Tisch kommt Iss dich gesund! Schon ma
wirklich ist Mao Zedong Der »Große Steuermann« Die rote Bibel D
steins Der lange Fluss Der Drei-Schluchten-Staudamm Schule Blau
st Rätselhafte Pekingoper Kostüme und Masken Nur für Männer Kä
and Wie funktioniert traditionelle chinesische Medizin? Wenn der Ar
esel Blechkarossen Kostbare Pferde IKEA & Co. auf Chinesisch Pi
iche Zahlen Richtiges und falsches China? China oder nicht China? C
Lange Mauer Vom Mond aus zu sehen? Mauerzauber Die Mauerspri
man Schriftzeichen im Wörterbuch? Warum klingt Chinesisch wie Sin
en alle Chinesen gleich aus? Langnasen Chinesische Schönheitsidea
r Schmetterlingstraum An welche Religion glauben die Chinesen? Chi
it fast 10 000 Zimmern Von Höchster Harmonie Der Kaiser von Ch
achen Gute Drachen Drachenkinder Der chinesische Mondkalender
n Kurze Beine, langer Schwanz Der rote Gürtel Das Märchen vom K
ern zählen Tischlein deck dich Essen Chinesen immer nur Reis? Marc
h kommt Iss dich gesund! Schon mal von diesen Gerichten gehört? S
ße Steuermann« Die rote Bibel Die Kulturrevolution Die Roten Gar
ei-Schluchten-Staudamm Schule Blaue Ameisen Hip sein ist alles Kö
me und Masken Nur für Männer Kämpfende Mönche Shaolin in der go
chinesische Medizin? Wenn der Arzt kommt Gesunde Nadelstiche P
Pferde IKEA & Co. auf Chinesisch Pinkelpalast China im Internet C
sches China? China oder nicht China? Großes China Eis im Nordost
sehen? Mauerzauber Die Mauerspringer Eine uralte Schrift Eine d
buch? Warum klingt Chinesisch wie Singsang? Lichtig? Schreibmasch
angnasen Chinesische Schönheitsideale Der Schönheit auf die Sprü
welche Religion glauben die Chinesen? Chinas berühmtester Affe Di
Höchster Harmonie Der Kaiser von China Prinzenleben Puyi – der
henkinder Der chinesische Mondkalender Chinesisches Neujahr Ha
hwanz Der rote Gürtel Das Märchen vom Kuhhirten und der Weber
in deck dich Essen Chinesen immer nur Reis? Marco Polo und die Nu
ch gesund! Schon mal von diesen Gerichten gehört? So viele Chines
« Die rote Bibel Die Kulturrevolution Die Roten Garden Das Mao-